情緒操控

揭開最惡質的煤氣燈效應

拯救自己並重建正常關係的療癒7步驟

脫離欺騙、貶低、洗腦的有毒關係

心理學博士．家庭治療師
黛博拉．維納爾 Deborah Vinall 著
吳煒聲◎譯

獻給夏恩（Shane）——

我的伴侶、我的精神支柱、我的摯友和我的最愛

【推薦序】別期待改變情緒虐待的加害者

臨床心理師　洪仲清

1

本來有人格缺陷的人，成為父母之後，不會突然變得健全；本來心理功能弱勢的人，不會因為成為父母，突然得到強化。反而常常因為當了父母之後，各方面的壓力與責任，會讓原本的缺陷與弱勢更加明顯，又引來更多壓力，形成惡性循環。

但是因為成了父母，有了傳統論述的保護與合理化，這些缺陷與弱勢，常常造成孩子的痛苦，不被認識。又由於道德綁架，在我們文化裡要討論肢體與情緒虐待，會更加困難。

2

我先簡單說一個虛構的故事，如有雷同，純屬巧合。然後，假設我也在這個故事裡面，擔任臨床心理師的角色，我虛構情節如下：

有一個家庭來就診，原本的主訴是孩子的情緒問題。但後來某次，親子有一段對話，看得出來，孩子希望確認某件過去發生過的事，但一直遭遇困難。

孩子：「我想知道那個時候，你為什麼把我打得那麼慘……（哽咽），然後把我……（省略細節），真的只是因為我做錯事嗎？」

爸爸：「哪有？我根本就忘了這件事！」

孩子：「（大聲起來）奇怪了！以前小時候，你都用這件事來威脅我，說我不乖還會再打，怎麼現在有洪老師在，你就剛好『忘了』……」

爸爸：「（也激動起來）你這什麼態度？對自己的爸爸說話，可以用這種態度嗎？」

我：「等一下，我們可以先深呼吸，好好把這件事講清楚……，爸爸，我聽到你剛剛說，孩子講的事，你『忘了』嗎？」

爸爸：「對啊，一個做爸爸的人，怎麼會這樣對自己的孩子，根本就沒這種事，是他亂說的吧……他從小就很喜歡說謊……（省略細節）」

我（打斷爸爸）：「請爸爸等一下，先等我跟孩子確認……，（轉頭對孩子）你是說，你爸在你小時候……（省略細節），是這樣嗎？」

孩子：「對啊……（哽咽），那次被打得很慘，然後後來都拿這個來威脅我，我如果跟阿公阿嬤講，他就說『我後來都沒有真的打你啊』，結果現在就變成『忘了』……」

爸爸又準備打斷孩子，我直接跟爸爸對話：「如果是孩子講的這種狀況，是違反家暴法，需要通報喔……」

爸爸：「根本就沒這回事，他都亂講，他就是愛說謊……（省略細節），而且那都很久以前的事了，他長大之後我就沒有打過他了啊……」

我：「好，謝謝爸爸告訴我，那你可以承諾我，未來不會再這樣對他嗎？」

爸爸：「根本就沒他說的這回事，早就都沒打了啊……他都亂說話，來這邊真的浪費時間……」

爸爸立刻站起來，離開治療室。

孩子謝謝我，這是第一次有外人知道這件事，而且清楚讓爸爸知道這是不對的行為。看得出來爸爸很心虛，而且根據孩子的說法，其他家人都聯合起來說這件事是孩子的錯，只要有人敢跟爸爸說的不一樣，就會被爸爸瞪……

很多時候，孩子出問題，常常是家長的問題。但不少家長會說是孩子要接受治療，堅稱自己的教養沒有錯，是孩子太脆弱。

以上絕對是我虛構的故事。

3

大部分時候，當雙方都各說各話，我也不知道誰說的是真是假。但我可以看得很明白，這個過程中，誰願意傾聽討論？誰又一直不讓對方有講話的機會？誰常用攻擊性的字眼與憤怒壓制對方？哪一個人是權威者，哪一個人最有能力影響其他家人？

在當場的行為觀察，會部分反應出家庭真實互動的樣貌。然後，那個被指稱要治療的人，通常很容易被罵，而且通常沒什麼發言的機會，自我認同被打得七零八落……

4

肢體虐待，還可以有身體的傷痕為證。如果講到情緒虐待（emotional abuse），不要說很難找證據了，我們的文化連這個概念都幾乎不談。

譬如說，一個孩子總是有做不完的家事，做不好就要被罵，但只有特定的孩子要接受這種待遇。在傳統社會裡，要用什麼標準講父母在情緒上虐待孩子？

再譬如說，孩子在家庭裡從來沒有自己的隱私，又被逼著要寫日記，不寫還會被處罰。寫完日記之後，只要有不利父母的部分，孩子就要被檢討，這表示孩子不知感恩。每天固定書包要被檢查，父母想什麼時候進房間看孩子在幹嘛都可以，連垃圾桶都不放過。孩子不被允許跟外人說話，連不得已講電話父母都要偷聽，父母聽不清楚還會罵孩子，寄給孩子的每封信都要父母先看過。這種狀況，在傳統社會裡可以說父母情緒虐待孩子嗎？

我們傳統的經典，有哪一位大儒賢者，好好討論過孩子的人權嗎？

5

把孩子教得過度順從，孩子長大之後容易無所適從。

然而，在傳統上，孩子順從父母，哪有「過度」可言？說不定，這還能成為鄉里稱道的「教子有方」呢！

那要如何「教子有方」呢？

讀者可以很輕易地發現，這本書裡所談到的情緒操控策略，基本上都在想辦法讓另一個人「乖乖聽話」。而這些情緒操控策略，剛好是傳統社會裡常見的手段。

6

我好喜歡書裡面的這一段，相對於操控關係，那良好關係的特徵是什麼呢？

良好關係的特徵

察覺情緒操縱的特徵和了解何謂良好的關係同樣重要。讓我們看看評估親密關係良窳的原則，讓你思考自己和人相處時想要的是什麼。

- 雙方都重視誠實和正直。
- 彼此能自由發言，對方也願意聆聽。
- 互相關懷和心靈相通，但不一定要幫對方處理情緒問題。
- 雙方都願意敞開心胸去接受新觀點。彼此可以提出反對意見。
- 雙方下決定時是平起平坐。
- 雙方會互相尊重和支持，而非以上對下的姿態看待對方。
- 需要妥協的時候，雙方會各退一步。
- 當某一方傷害了另一方，就會誠懇道歉，並且找出問題和負起責任。
- 雙方都不會動粗傷人。
- 即使得做出改變，雙方仍願意一起扶持，持續成長。

7

光是誠實對待彼此，在我們文化就難了。請問各位在外面的小吃攤或早餐店，有沒有聽過一種都市傳說：「孩子如果沒有乖乖吃飯，就會被警察抓走」？

我們的傳統，階級分明，而且重視功名。父母面對孩子，常有差別對待，除了常見的重男輕女，對會不會念書的、是不是討父母喜歡的、拿多少錢「孝敬」父母的、媳婦有沒有生男生的……，都有各種約定俗成的偏好。

平起平坐，那根本就是沒大沒小啊！

在傳統上，父母聯合某些孩子，排擠其他的某個孩子，說「我們不要理他」，甚至不讓孩子進家門、把孩子「關廁所」，可是一種常見的教養策略呢！而且不管親子有什麼衝突，通常都是孩子要道歉喔，即使是孩子被傷害了都一樣。

如果從原生家庭開始，就沒有學習健康的人我界線，沒有良好的身教，不懂得尊重，不習慣自由討論，那我們要怎麼能期待，長大之後進入社會的成年人，會突然知道怎麼扮演一個成熟尊重懂和諧的大人？

8

儒家傳統經典也有很良善的部分，尤其重視大人的身教，這一點被選擇性地忽略了。在孔子的想法裡面，人與人之間的和諧，是非常關鍵的論述，但這一點用到親子關係也被扭曲了。

所以現代人要談愛，常要從西方的知識或書籍中重新建立起來。相對來說，有毒的父母，或者毒親（toxic parents）這些說法，西方的專家學者也早就有系統地去探討父母的行為有哪裡不適當，父母可以如何自我成長，並且尊重孩子，扶持孩子有健全的發展。

情緒操控如果沒有從原生家庭談，那就是忽略了基礎與根源。

9

辨識有毒的人或環境，是脫離情緒操控的第一步。

然後，情緒虐待的加害者也有可能是父母，不要被傳統「父母做什麼都是為了孩子好」這種說法混淆了。父母只是人，不是神，而且也可能是有缺陷跟弱勢的人，頭腦也會慢慢退化，心也會生病，也不見得能跟上時代，傳統論述真的把父母過度美化了。

父母也會傷害孩子，而且讓孩子一輩子在創傷中掙扎浮沉，臨床上便有不少案例。如果願意跟從事相關工作的社工朋友聊聊，更是血淚斑斑。

有些親子終生沒有經歷過和解，甚至斷絕關係老死不相往來。就如同最前面的例子，連「事實」都沒有共識，誠懇面對彼此更是遙遙無期！

放棄改變情緒虐待加害者的期待，這一點要做好心理準備，好好哀悼。我們想聽到的那一聲道歉，可能永遠不會出現。

10

能傷我們最深的人，就是我們最愛的人！

序言和使用本書的方法

親愛的讀者，很高興你拿起了這本書。然而，我也感到難過，因為你可能正在經歷一段不如意的關係而迷茫，內心五味雜陳，既有愛戀和依賴，也摻雜著困惑、委屈和懷疑。或許你覺得被人操縱了情緒而感到憤怒和羞愧，卻不知道問題出在哪裡。話雖如此，我也充滿希望，因為你決定要讀這本書，這樣可能改變你的人生，改善你和別人的關係。

我叫黛博拉・維納爾（Deborah Vinall），是一名心理醫生，擁有婚姻和家庭治療師（marriage and family therapist，簡稱ＭＦＴ）執照。我從二〇〇四年開始協助個人或伴侶改善他們的人際關係，也幫他們面對因為不良關係而留下的陰影，無論他們是和父母、親戚、伴侶或其他人相處不融洽，或者有悲慘的遭遇而內心受傷。我專研創傷，協助患者克服急性或慢性的心理創傷。我執業時發現，情緒虐待

（emotional abuse）往往讓患者受到很深的傷害。

煤氣燈效應（gaslighting，又譯煤氣燈操縱或情緒操縱）[1]是一種常見的虐待手法，施虐者往往用它來掩飾情緒虐待的行徑或推卸責任。煤氣燈效應可能是根深蒂固的惡行，或者偶爾發生的病態行為；它可能發生在家庭和親子間的親密關係，也會出現在交友圈、教會、職場和學校等等機構，甚至可能在更大的社會或政治環境中出現。無論在哪裡發生，**情緒操縱都會讓人懷疑自我，質疑自己所見的真相**。

你要知道自己能夠分辨與他人的互動關係、打破煤氣燈效應，以及不被它腐蝕心靈而治癒創傷。本書將提出有效的方法和生動的案例，讓你得到知識並充滿自信，運用實際的步驟在人際關係和現實世界找回迷失的自我。

我們不打算改變加害者，除非他們願意成長，否則一切都是空談。然而，**當你改變自己，無論是選擇留下或轉身離開，都能改變與別人的互動關係**。你可以從先前

1 譯註：一種精神或心理虐待。操縱情緒的人刻意用假訊息蒙騙受害者，使其懷疑自己的記憶，同時迷惑其判斷能力。

強忍的苦痛中自癒，重拾清晰的思緒，從今往後享受健全的人際關係。

閱讀本書時，不妨偶爾停下來反思一下。我建議各位依照順序閱讀，先從前面幾章了解核心概念，然後循序漸進，掌握第二部分的療癒七步驟。做練習時，請隨時記錄回饋想法和內心反應。一旦發現自己情緒激動或深陷回憶之中，就要體諒自己：停下腳步、休息一下、深呼吸、重新整理情緒。你有大把時間去成長和療癒。當你準備好的時候，大口深呼吸，讓我們一起開始吧！

目錄

PART 1

煤氣燈效應與情緒虐待

療癒和改變的第一步，是認清事實。這個部分將探討何謂煤氣燈效應、操縱者的常見手法，以及各種情緒虐待造成的影響。第二部分會逐一介紹七個步驟，藉此打破煤氣燈效應、療癒自我和培養健全的人際關係。各位不妨慢慢閱讀這些章節，滿足你的好奇心，釋放悲傷和憤怒的情緒，但也讓自己充滿希望。改變的時刻即將來臨。

1 Chapter 了解煤氣燈效應

煤氣燈效應是一種操弄、欺騙和控制的手段，讓人懷疑自己的知覺和記憶。接下來會詳細討論這些概念，同時指出操縱者如何耍手段去捏造虛假的情境，藉機達成他們的目標和企圖。本書也會討論心理操弄者的常見特質，告訴你一些方法，讓你檢視自己是否正受到情緒操縱。

何謂「煤氣燈效應」？

電影開場時，場景一片灰濛。貝拉（Bella）舉止優雅，緩步走向丈夫保羅（Paul），說她撞見他和女僕調情，她覺得很丟臉。保羅斷然否認，冷冷地訓斥貝拉：「親愛的，妳很清楚這只是妳的幻想。」

這段對話出自一九四〇年的電影《煤氣燈下》（*Gaslight*），描述的就是「情緒操縱」，但當時還沒有稱呼這種虐待手法的術語。保羅無情否決妻子的所見所聞，從中操弄妻子，讓她精神恍惚。他妄稱妻子做過某些她毫不記得的行為，企圖遂行私欲，好將妻子送入精神病院，然後霸佔家裡的財產。

保羅偷偷在樓上尋找藏匿的寶石時，貝拉發現煤氣燈昏暗了下來。由於煤氣燈共用燃料，表示家裡還有其他地方正點著燈。然而，保羅和女僕都一口咬定，保羅當時並不在家，一切都是貝拉的幻想。**從此以後，「煤氣燈效應」一詞便代表「逼人發瘋」的謊言和行為。**

操縱情緒者擅用常見的心理控制技倆，他們會否定你親眼所見的事物或無端指責你，甚至會聲稱你觸犯規則而懲罰你。他們會對旁人謊稱你精神狀況不佳，讓你無法從親友得到外援，難以察覺心理控制的既定模式或設定界線，進而逃離險境。此外，這些目擊者也可能被人操弄心理，懷疑自己看到的現象，反而去相信那些展現權威、自制克己且魅力十足的操縱者。

操縱情緒者經常說你「太情緒化」、「瘋狂」、「歇斯底里」和「健忘」，甚至說你是個不折不扣的大騙子，他們用胡亂指控來轉移焦點。操縱者會把你貼上這些標籤，這就說明為什麼你的經驗和他們所說的總有出入。由於操縱者把你說成歇斯底里和精神錯亂，你根本找不到著力點去反駁他們。你可能會發現自己被迫選邊站，不是選擇和你認為重要的人在一起，便是相信自己的直覺與感官。

雖然情緒操縱者（gaslighter，直譯為「使用煤氣燈技倆的人」）並非診斷術語（病名），但大家卻常用它來形容做出這些行為舉止的人。操縱者往往具有人格障礙／人格疾患（personality disorder）或適應不良行為（maladaptive behavior），例如自戀或反社會人格。如同其他的病態行為，他們這樣做必定有需求和動機，接下來會討論不同類型的情緒操縱者。我們現在只要知道，**那些給別人貼上「瘋狂」標籤的人，通常自己也多少患有心理疾病。**

儘管如此，他們可能真的會把你逼得有點「發瘋」，因此你會難以辨別自己是否正在被人操弄心理。要回答這個關鍵的問題，請做下面的簡單測驗。

我被人操弄情緒了嗎？

你真的被人操弄情緒了嗎？這個問題很難回答，因為你若是受人左右情緒，就會懷疑自己和自己的直覺。有時利用客觀的評量方法，就可擺脫這種苦惱。請回答以下問題，越誠實越好。相信你的直覺，在符合的敘述框裡打勾：

- □ 你常常自我懷疑，不確定自己的記憶是否準確？
- □ 你覺得不能相信自己的情緒？
- □ 你常常害怕別人不相信你說的是真話？
- □ 你發現自己在回想某些事件時，有人經常反駁你？
- □ 你是否覺得幾乎所有的衝突都是你造成的？

□你和某個人說話時，會覺得自己「有點發瘋了」？
□他們經常明示或暗示，說你「過於情緒化」嗎？
□你覺得和他們說話時感覺自己卑微渺小，卻不知道為什麼嗎？
□他們經常強調自己的權威地位嗎？
□他們會貶低、嘲笑或忽視你的感受和經驗嗎？
□他們是否經常對你的成就輕描淡寫，卻大肆宣揚自己的成果嗎？
□他們似乎從未承認過錯？
□你和他們見面後會自我懷疑嗎？
□你是否開始質疑事情是否跟眼見的一樣糟糕？

- 如果你勾選了十個以上的選項，表示你可能遇到會操縱情緒的人，你們的關係是有問題的。
- 如果你勾選了八到十個選項，你可能與某人的互動關係不良，而且對方似乎在操弄你。

• 如果你勾選了六到八個選項，有人可能偶爾會操縱你的情緒。然而，即使你只勾了不到六個選項，卻對某些敘述感同身受，本書都可以幫助你。

你可能曾經遭受情緒操弄或情緒虐待。只要參照本書的步驟，便可找回自由，增強信心，建立更好的人際關係。

在做測驗時，是否感受到字裡行間都在描述你的真實生活？可能你因為焦慮、厭惡和恐懼而無法自拔。或許你看見了希望，知道只要找出問題，便可扭轉一切。無論你的感受如何，都不要忽視它，無論你的心情如何，它們都是真切存在的；你的情緒和知覺很重要，相信它們吧！

辨別操縱情緒的行為

凡雅很難相信男友。他老是生氣，要凡雅多「信任他」，所以她來到門診尋求協助。凡雅的男友多次指控她和別的男人眉來眼去，讓她和男同事聊天時都在懷疑自己是否踰越了界線。

當男友對他們共同的朋友提起她會和別的男人調情時，凡雅會尷尬離場，從此便越來越少參加社交活動。她的男友在家跟別人發簡訊閒聊很久時，會刻意不讓凡雅看手機，但她會裝作若無其事。

當男友說手套盒裡放的保險套只是為了「備用」，他倆若一起去露營，便可派上用場，她也沒有多說什麼。當凡雅發現盒中的保險套越來越少時，男友只是笑笑，說她在胡思亂想。

凡雅開始覺得，也許他說得對。他們處得還不錯，床事也很契合。到底哪裡有問題呢？她下了結論，肯定是自己有問題。男友說得沒錯，她的確心理有點問題。她或許真的「發瘋了」吧！

要擺脫情緒操縱者，首先得認清問題。精神科醫生丹尼爾．席格（Daniel Siegel）說過一句名言：「先認清問題，才能解決它。」當我們要找出足以描述能激發強烈情緒的字眼，我們會從反應—情緒的腦部初始激發區，轉移到分析—邏輯的腦部區，這樣才能解決問題。**你若能發現情緒操縱的情況，便能踏出第一步，奪回主控權，不再被人操弄到情緒失控。**

根據前面的描述，你或許能看出凡雅正被男友操縱情緒。你也會更加明白，找出問題就是邁向自由的關鍵。然而，當局者迷，要發現自己被人操弄並不容易。

在你成長的過程中，父母可能會操縱你的情緒，從有記憶以來，他們就一直如此，而某些朋友可能經常讓你感到沮喪或自我懷疑。又或者是，即使你很確定自己沒錯，但你的上司卻不時會說你做錯了事。你或許參加了某個宗教團體，但為了對外塑造純潔形象，必須經常說些「無傷大雅的」謊言，甚至否認眼見的事實。或許在你的國家或地區，政客和公眾人物經常睜眼說瞎話，你所知的事實和政客的說詞有落差，讓你無法分辨哪個才是真的。這一切都會讓你疑惑，而這些情境都可能是情緒操縱，並沒有固定的發生情境。

情緒操縱有千百種，怎麼知道自己被人操縱呢？想一想你目前所學的東西，看一看測驗結果，停下來傾聽內心的聲音。你的直覺正悄悄提醒（甚至大聲告訴）你何種訊息？你的感官傳達了什麼？請你快速檢視身體狀況，有哪個地方感到緊繃嗎？

你會覺得腹部痙攣或呼吸不順嗎？你的肩膀是否僵硬、向上拱起或向前鼓起？你會不會喉嚨發緊？或是覺得額頭、眼角、嘴巴附近感到僵硬？你的手腳是否僵硬呢？

閉上眼睛，體會你的感受。一旦發覺哪裡緊繃，就停下來，把專注力放在上面，注意身體的感受。讓你的感官知覺，也就是你的天生智慧，引領你找到內在知識，並相信那份感受。

當你懷疑自己可能被人操縱情緒時，真的很有可能如此。

各種人格障礙扮演的角色

我執業時輔導了不少人口販賣的受害者。這些人受到脅迫，人口販子原本是她們的男友，照理說應該會保護她們，最後竟然剝削她們。人口販子會使用各種技倆，包括恭維和獻殷勤、贈送禮物、憤怒生氣、羞辱對方、貶損人格、自艾自憐、向對方索求、施加暴力和操弄他人，讓受害者為他們「工作」。

人口販子會展現典型的反社會人格疾患（Antisocial personality disorder，簡稱

ＡＳＰＤ），通常會對他人漠不關心；這種人說謊成性、慣於欺瞞和藐視法律。有反社會人格疾患的人，以及具有自戀人格疾患（Narcissistic Personality Disorder，簡稱ＮＰＤ）、做作型人格疾患（Histrionic personality disorder，簡稱ＨＰＤ）和邊緣性人格疾患（Borderline personality disorder，簡稱ＢＰＤ）等Ｂ型人格疾患者，也常利用情緒操縱的招數和他人互動。**每種人格疾患者都會操控他人來滿足自己對權力的欲望，讓自己感覺很重要，享受刺激或滿足於溫情**。這些人操縱情緒的意圖和頻率不甚相同，反社會人格疾患者往往城府最深，邊緣性人格疾患則最為被動。

人格障礙者的言行舉止根深蒂固，不易改變。他們之所以做出這類行為，可能是年幼時被人忽視和虐待，或者兒童時期受到不當對待後沒有適切面對和妥善處理問題。他們心靈曾經受創，很令人同情，**但你若想承受B型人格疾患者的暴力或者藉由付出關愛來改變他們，那是不切實際的**。如果他們不覺得需要改變，也不積極尋求改變，改變就不可能成真。無論你們是否還維持關係，唯一的恰當作法是設定界線來保護自己。

沒有罹患人格障礙，也會操縱他人情緒

大致了解罹患人格障礙者或許有點幫助，但切記你沒辦法診斷他們，你的治療師也不行，除非他們見過面。**情緒操縱者和B型人格疾患者有許多類似的特徵，但多數人只是喜愛操弄他人，你要治癒自己，不必去診斷他們。**重要的是，你得知道他們的行為是不正常的。

人會操縱他人情緒，可能是他患有心理疾病，或得到無法診斷的疾病，所以操縱者的樣貌也大不相同。不少加害者非常迷人，只有你才能看見他們的陰暗面。這也是情緒操縱的一部分，讓你懷疑為何只有你和他相處時會感到痛苦，反過來誤以為自己有問題。一旦你發現對方確實展現人格障礙的特徵或模式，就可以不必自責，錯不在你。你唯一要做的，就是自我保護並開始療癒。

略述性別、社會和權力不平等

任何人都可能操弄他人，也可能被人操弄。情緒操縱可能出現在同性關係、親子互動、職場環境和宗教團體，甚至在政治領袖的互動場合也並非罕見。**操縱情緒唯**

一的共同現象，就是有掌握權力和受人控制的角色，畢竟操縱者最想建立和鞏固權威。

傳統的社會性別構念（gender construct）[2]會影響人將如何操縱情緒。綜觀歷史，男人被社會化之後，會期待獲得權威和受人尊重，而他們年幼時想表達情感，卻可能被人忽視或否定。此外，社會普遍認為男人應該要有權勢，要能支配他人，所以男性經常會操弄他人，藉此獲取權力和控制別人。相較之下，女性通常被教導從人際關係和性愛中尋求價值。社會不希望女性主動表達需求，這樣恰好讓有心人士得以操縱別人的情緒，進而衍生駭人的煤氣燈效應。

人越是相信社會階層或在階層越分明的環境，越會出現情緒操縱的行徑。學者佩姬・思維特（Paige Sweet）在《美國社會學評論》（*American Sociological Review*）發表的研究指出，**情緒操縱起因於性別構念之類的社會不平等，並用來鞏固這樣的**

2 譯注：為了特定的研究目的或理論所創造出來的抽象想法。可將更為簡單和具體的概念組合起來去建立構念。

權力結構，掌控者可操弄別人來自我辯駁和轉移受害者的注意力。例如，當泰隆指出保羅的笑話帶有種族歧視的含義時，保羅可能會輕描淡寫說道：「不就是講個笑話而已，別那麼神經質好嗎！大家都知道我在開玩笑。」保羅甚至不管泰隆是否不高興，轉頭就矢口否認，硬說他沒講過帶有種族歧視的話，他或許還會說種族歧視根本不存在。在不平等的社會結構或互動關係中，一旦出現情緒操縱的事件，就是特權階級去傷害或犧牲被邊緣化的族群。

家長也會否定孩子，說道：「我可沒這樣說過」、「我才不會這樣做」和「我們家很幸福。」**有依賴性的家人或朋友可能會和父母站在同一陣線，遮掩家醜或質疑受害者，藉此營造全家幸福美滿的形象**。他們可能會說：「安東尼奧應該要控制自己的情緒。如果他不要隨便耍性子，就不會這麼常挨打了。」

許多跨性別者在成長時也曾被人操弄情緒。加害者會認為，他們「只是暫時」自我認同錯亂，或者說他們有神經病或離經叛道。跨性別者成功轉變性別以後，還是會遭受情緒操縱，因為旁人還是拒絕使用或一再「忘記」用他們喜愛的方式稱呼他們。此外，同性戀的青少年也會聽到旁人對他們說「你很快就會擺脫這個狀態」，然後就能過常見的異性戀生活。這類青少年也同樣面臨被人操弄的情況。

注意情緒操縱背後的性別和其他權力結構非常重要，如此才能在這種情緒虐待出現時便能發現它們。只要發現這類情況，就能掌握局面來加以因應。

不同類型的情緒操縱者

各位要知道，情緒操縱者並非一模一樣。千萬別看到你的經驗和本書列舉的例子不同，就輕忽了自己的經驗。情緒操縱就是一種操弄手法，不同類型的人會根據不同的目的來使用它。

虐待型操縱者

這類型的操縱者最容易分辨，外人看得尤其明顯。虐待型操縱者經常蓄意施暴，否定對方的自我認同。他們看到你自我懷疑就會很高興，認為這樣就能掌控你。**虐待型操縱者根本不在乎他們對你施暴是否會讓你心靈受傷，他們只想做給外人看，**

或者藉機展現權威。

這種虐待行徑罔顧他人的情緒和權利，但只有百分之四的人會有這種心理傾向。然而，在《伴侶暴力》（*Partner Abuse*）期刊發表的一篇研究指出，百分之八十的人曾經遭受情緒虐待，他們通常被人操弄過。因此，顯然不只有社會病態者才會操弄別人的情緒。

自戀型操縱者

自戀型操縱者以自我為中心。他們自以為是，認為別人就得寵愛和讚美他們。他們擔心不受人重視，會想方設法讓大家認為他們很偉大。這種人缺乏自信，只要有人傷害他們脆弱的自尊心，他們就會大發脾氣。

他們自尊心太強，絕對不肯認錯，只想花言巧語去推卸責任。他們不可能犯錯，也不會殘忍對待別人，而且事事講求公平。一定是你看錯了，或者你才是做錯事的那個人、你記憶中的事情根本沒有發生。他們顛倒是非，裝神弄鬼，別人一旦相信他們，他們就不怕自己完美的形象會被人戳破。

防禦型和安全感低落的操縱者

這種操縱者會操弄他人，藉此脫困或避免承擔後果。他們可能是為人父母，斥責孩子以後感到後悔，卻又不願面對現實；他可能是你的朋友，卻會否認了說你閒話。他們感到不安，所以會躲起來，不願面對錯誤。他們害怕別人生氣，害怕被人責罵，也不願因為自己有不堪的一面而被人拒絕，**不想接受自己不完美的一面，反而去操弄他人**，以便營造自己認可的虛假事實來保護自身形象。

無意的操縱者

有些操弄者可能記憶有問題，但還沒被診斷出來。無意的操縱者常常懷疑你的記憶，讓你困惑迷茫，但他們並無惡意。他們不會傾聽別人的意見、睡眠不足、行程繁忙或罹患心理疾病、腦部病變和失智症，因此記憶有問題。如果這些人能發現自己的記憶有問題，你們的關係就不會那麼緊繃。然而，假使他們防衛心很重，又自我為中心，不願意承認錯誤，他們的記憶問題就可能破壞和別人的關係。

你會好起來的

無論情緒操縱出現在哪種人際關係、加害者患有哪類型的人格問題，或者你被迫害了多久，你都可以好起來。不管情緒操縱的模式或情境如何，想要痊癒和獲得自由，方法都是類似的。你可能覺得自己逐漸喪失力量，但只要你拿起本書，敢於思索這些問題，必定能解開禁錮你的枷鎖。你正在重獲力量，準備邁向自由。

2 Chapter 情緒操縱者的手段

本章會分析典型的情緒操縱模式和行為。不妨在旁邊放一本筆記，隨時記下想法、回饋和反思，看看它們如何與你的經驗呼應；吸收訊息時，也要關注自己的感受。如此雙管齊下，才能全心融入和療癒內心。

他們為什麼要這樣做？

情緒操縱就是一種操控行為。操弄別人，就是想「佔上風」或達成目標，根本不在乎對方的感受。

有不少人或許缺乏安全感而去操縱別人。他們的立意雖好，但缺乏信心和社交能力，無法表達需求，也不知如何建立良好的人際關係。他們害怕被人拋棄冷落，因此不敢去與人建立正常的互動模式。

有些人操縱他人，是因為他們我行我素，想掌控別人來滿足自尊心。他們非常在乎形象，於是想操弄別人，讓對方和自己建立關係，因為他們無法忍受被人拒絕，也不想孤身一人。**他們不敢承認自己非常脆弱，也害怕遭人拒絕，所以轉而去控制他人。**有些操縱者只在乎個人目標，不把別人視為獨立的個體。以上的互動關係，都是不良人際關係的徵兆。

情緒操縱的常見行為

我們接下來看看，操縱者常使用哪些手段。請注意，不是所有的操弄技倆都顯而易見，要看操縱者屬於哪種類型，還有他們的心理疾患有多麼嚴重。許多人會一面恭維你，把你捧上天，讓你雲裡霧裡飄飄然，另一方面卻用下面的招數反過來迫害你。

撒謊、誇大或混淆事實

情緒操縱者是有心理疾病的騙子，很會撒謊。表面上看來，他們誆騙的原因各不相同，但目的都是想操弄受害者。這些人會對你或外人否認他們的行徑，像是「我沒有打過你！我才不會這樣做」，或者「是她自己跌倒的，真是笨手笨腳」，

虐待型操縱者和防禦型操縱者會睜眼說瞎話來保護自己。

他們可能說謊來吸引別人注意，自戀型操縱者尤其是如此。有些人會自誇自擂，說出冠冕堂皇的謊話：「學校有史以來，成績最棒的就是我！」他們可能攀龍附鳳，謊稱認識名人或誇耀自己。有些人可能會塑造受害者的形象，以此博取同情和吸引別人關注，甚至藉機轉移焦點：「沒人像我這樣被這麼多人控訴。」

他們不斷誇大其辭，謊話一說再說，這樣就很難辨別其中真假。你就會被洗腦，不相信自己的直覺，反而相信滿口謊言的操縱者。

情緒操縱者會渲染微不足道的小事來誇大其辭，只是油鍋起了小火，他們就會說廚房著火了。他們誇張時，漏洞可能很明顯，但你若不提出質疑，他們就會得寸進尺。操縱者越是說謊得逞，就越佔據上風，沒人膽敢懷疑他們。這些傢伙一再裝

神弄鬼，你甚至會被他們牽鼻子走，照著他們的說法去建構記憶，如此一來，他們的氣燄就會更囂張了。

操縱者說謊有兩個目的。首先，他們厚臉皮撒謊時，是在測試你能容忍到什麼程度；此外，他們也會步步進逼，讓你逐漸習慣聽信謊話。有些受害者指出，跟操縱者住在一起時，感覺自己要被謊言吞沒一樣，根本無法消化接二連三的謊話。操縱者就是搞得你頭昏眼花，心神錯亂。

拿你和他人比較，不斷貶低你

每當昆汀和母親分享自己最近的成就時，話題永遠會變成談論他哥哥所做的事情。他想傾訴傷心事時，母親卻老是說他哥哥經歷過更痛苦的事。她從沒否定過昆汀，而是默默聽完，然後轉移焦點。

昆汀發現自己怨恨哥哥，但心裡卻充滿罪惡感，只能壓抑著怒火。他不知道自己能不能生氣，也不確定是否該慶祝自己的成就。

情緒操縱者可能會把你的成就與他們認為更高的成就相互比較，藉此貶低你或轉移話題。自戀型操縱者會表現自己或誇大吹牛，將焦點拉回到自己身上，強調他們很偉大或非常不幸。

操縱者掌控了話題，便能暗中佔據上風。你一旦落居下風，便會不斷渴求他們的注意和肯定；你誤以為他們會關心你，卻始終無法得償所願。**操縱者發現你想要得到他們的肯定，就會狂妄自負，覺得自己「掌握了主導權」**。只要你得不到關注，就會不斷回頭哀求操控者（至少他們認為如此）。

在他們口中，別人的壞遭遇都是活該

每當納森的父親發起脾氣毆打弟弟奈吉爾，母親在晚上幫納森蓋被子時就會告訴他，因為奈吉爾耍性子，事情才會弄成這樣，她覺得很無奈。納森相信溫和善良的母親，但聽到這些安慰的話，總覺得不太對勁，不過他卻說不出哪裡有問題。他點了點頭，認同了母親的言外之意：「父親是好人，奈吉爾不乖。」納森轉頭望向隔壁床的弟弟，看到那張熟睡的臉龐，隱約感到有點內疚。

情緒操縱者經常指責別人鬧脾氣，藉此掩飾自己的惡行。納森的母親操弄他，說他的弟弟耍脾氣才會被打，根本不說大人也應該要控制脾氣。母親依賴父親，所以會操縱目擊施暴的人（納森），從中保護加害者。

如果你懷疑某人可能是情緒操縱者，不妨觀察他們如何形容別人，以及他們的敘述和你的觀察是否相符。當他們談論你認識的人時，你會不會覺得被操縱了情緒？相信你的直覺。

情緒操縱者形容別人時，你可以窺見他們的本性。雖然不是只有操縱者才會說人閒話、給人貼標籤和辱罵別人，你還是可以藉由這些現象來提高警覺。**如果他們會扭曲事實或輕蔑和謾罵別人，他們也可能會跟別人這樣形容你。**

操縱者這樣做有兩個好處，其一，當他們搶佔先機，取得了話語權，光憑這點，就能讓你懷疑自己的感受。他們迷惑你的心智，逐漸削弱你的認知，讓你接受被混淆的現實；其二，操縱者可推卸責任，把問題說成是別人造成的，藉此開脫罪名。如果有人故意「耍性子」，操縱者就沒有錯。

在別人面前，總是說你太情緒化、愛生氣

拉塔莎並不在乎同事背地裡如何談論她。她多年來遭受微歧視（microaggression）[3]，已經心如止水，學會安撫自己的情緒。她跟母親一樣，以性格堅毅為傲，相信自己是個自由的女性，不必忍受別人的壓迫。但當她用平靜、堅定且自信的語氣辯駁或表達反對意見時，同事卻叫她「不要生氣」、「冷靜下來」和「別耍性子」。聽到這些譏諷的話，真的會讓人火冒三丈。

同事給拉塔莎貼的標籤，經常被拿來貶低說話者。強勢的一方會藉此搶回主導權，壓迫被操縱情緒的那一方，讓他們的心理受到傷害。操縱者可能會在你的朋友面前爆料你的糗事或私事，或者目中無人、說會刺傷人的笑話，然後辯稱他們只是「開玩笑罷了」。

3 譯注：不易察覺的歧視行徑，沒有很露骨地攻擊他人，經常表現在日常對話和肢體語言上。

在和你單獨相處時，他們會對你的反應嗤之以鼻，遇到別人時，又會誇大其辭，說你反應過度。許多人會夸夸空談，恣意論斷，謊稱他們想貶低或控制的人有精神病。他們心懷偏見，會歧視別人，好比把成年男子喚作「男孩」，將成年女性稱為「女孩」，甚至會用種族歧視的字眼去罵人。**你聽了這些話以後會慌亂和憤怒，結果又被貼上「反應過度」或「過於敏感」的標籤，甚至連你都會覺得自己是否果真如此。**情緒操縱者還會公然在他人面前誣衊你，因為他們知道，就算你想辯解，別人也會懷疑你。

這些伎倆不只會讓你飽受壓力，還會讓你孤立無援。這樣一來，他們又可以繼續虐待你，而且不會被人發現。你會感到尷尬或羞愧而遠離親友，而花言巧語的操縱者往往能顛倒是非，聽信讒言的旁人就會被洗腦，誤信他們給你貼上的標籤。

恐嚇、威脅、動粗——讓你陷入害怕恐懼

情緒操縱者時常藉由恐嚇來控制對方，他們可能意有所指威脅或明目張膽恫嚇，而且看到你害怕了，便會貶低、恥笑或責怪你。例如男人可能會忽然作勢要揮拳毆

打女伴，然後嘲笑或責怪對方「竟然相信我真的會打人」。他們可能會說：「你知道我不會傷害你。別搞得好像我真的會打人一樣。」由於女方沒有真正受到傷害，即使感覺不對勁，也不會認為男友曾經虐待她。

情緒操縱者可能會因為怒不可遏而威脅別人，以此掩飾罪惡感，然而也可能是刻意為之，蓄意操弄他人。他們可能會毆打受害者，讓對方隨時感到恐懼，害怕又被拳腳相向。

這種虐待行徑會鋪墊精神創傷與親密關係（trauma-bonding）交融的「蜜月」階段，**雙方會彼此關心，然後冰釋和解，然而這些都是讓人自我懷疑的控制過程**。在這個階段中，操縱者可能會向你道歉，讓你誤以為他們不是壞人。然而，這些傢伙又會恐嚇你，讓你更不敢質疑他們的變態行徑，藉此更輕易逃避責任。

從不負責

瑪拉第一次和懷特約會以後，隔天便感到難過和困惑。她記得自己很想和懷特約會，他們之間也很來電。她記得懷特一直幫她添酒。懷特很迷人，一直挑逗瑪拉，強迫瑪拉做了她不想做的事。她已經記不清楚細節，但她知道一切和想的完全不一樣。懷特告訴她「妳知道自己要什麼」，但瑪拉很確定自己不想那樣做。

這些記憶還在她的腦中揮之不去，她就收到懷特的簡訊：「嘿，性感寶貝，昨晚玩得很開心。我只是想確定一切都ok，有空打電話給我。」瑪拉盯著手機。這個人昨晚強迫她做了她不願意做的事，現在怎麼就裝作若無其事的樣子呢？

情緒操縱者從不負責，**他們可能會否認自己的錯誤、逃避卸責或把雙方共同的經歷描繪得無比美好，你會因此懷疑或無視自己的記憶**。操縱者通常都很有魅力且充滿自信，讓你懷疑是自己記錯了，覺得他們說的才是事實。操縱者逃避責任，就能一直逍遙法外。

操縱者萬一被人質疑，就會用下面三種伎倆來回應：首先，他們可能會生氣，轉而恐嚇對方，如此才能奪回控制權，掩蓋自己的錯誤。

或者第二種技倆，他們會說自己是受害者，把焦點轉到自己身上。屬於少數族群的人用種族歧視的字眼罵人時經常用這種技倆，他們出言歧視別人以後，反而會轉移焦點，哭訴自己被人歧視的心情。人在偷情被抓包後也會這樣，會說自己不被另一半信任。操縱者經常會這樣辯駁：「我不敢相信你會這樣指控我！」

他們也會用倒打一耙的方式，轉過頭來質疑你。他們會沉著冷靜，虛假圓滑，裝出一付事不關己的態度，回頭便反咬一口，說你歇斯底里。你當然會感到痛苦，兩相對照之下，他們就顯得老成持重。因此他們根本不必認錯，就能維持自尊，更強化他們的自戀特質。

挑撥離間和拖人下水

如果有人離間兩個有關聯的群體，操控他們的溝通方式，這就是挑撥離間。家長可能會告訴女兒，說同學或朋友的媽媽認為她「不是個好孩子」，同時告訴那位朋友的媽媽，說「我家小孩希望妳不要妨礙她」；拖人下水則是指操縱者將第三人捲入某兩個人的紛爭，讓這三方人馬糾纏不清。

操縱者首先會設想對自己最有利的情境，只要有人讓他想對付的目標看清事實，就必須隔開他們。接著，無論是要挑撥離間或牽扯第三者到紛爭中，操縱者會同時加入所有陣營，讓他們彼此對抗，加深他們的刻板印象。一旦策略奏效，問題就會出在起衝突的各方人馬，沒人會發覺有人在背後興風作浪。此外，當雙方起了衝突且有了隔閡，操縱者就會假扮知己密友，穿梭其間，長袖善舞，八面玲瓏，處處討人歡心。

心懷邪念的父母可能會對孩子或孩子及其配偶做這種事，自戀型的老闆可能會分化員工。在更大的社會結構中，某個政黨可能唯恐天下不亂，暗地施展手段，讓另一個政黨鬧內訌。無論操縱者在哪裡挑撥離間，目標就只有一個，就是主導情勢，成為別人眼中的「好人」。

隨時都要掌握主導權，要求別人使命必達

虐待型和自戀型操縱者總覺得自己高人一等，自認為高高在上，所以他們的言行舉止無不用來鞏固和維持他們的優越感。

表現特權的方式有千百種，許多人認為自己應徵工作時當然要被錄取，無論其他應試者的職業道德是否比較好或者比他們更加努力。他們希望受人崇拜，隨時想

滿足性慾，根本不關心對方的需求；自己其貌不揚，卻希望伴侶外貌出眾；或者是經常要求孩子配合、尊重和服從，自己卻不懂得尊重別人，只會仗勢欺人。一旦他們無法滿足私欲，就會馬上變臉發怒，使用暴力去壓迫別人。

這種人會假藉宗教或歷史，強迫別人認為他們具有權威，從而控制對方。他們可能會引述昔日政治領袖的著作，喚起你的愛國情操，或者引用聖典經文，引誘你掉進陷阱。虐待型或自戀型操縱者若打著宗教信仰的幌子，便可能要求或強迫伴侶和他發生性關係，然後引用經文，告訴妻子不應該拒絕丈夫的性要求，或者引述強調順服的經文，讓孩子誤以為體罰是很正常的。

就算你自覺被人侵犯、受到侮辱和遭人背叛，卻又想著要順服（無論是服從自己、伴侶、父母、領導者或自我原則），如此便會思緒混淆而無所適從。即使你透過直覺發現有點不對勁，卻會礙於自己重視的價值而忽略這種感覺。最後，你可能會認為別人沒錯，只要自己表現得更好，一切就會好轉。操縱者藉由這種伎倆，便能永遠高高在上。

所有的一切都要你付出代價交換

跟上述的優越感一樣，有些人並不願意無償付出。如果他們約會時請對方吃晚餐，就會想和那個人發生性關係；父母可能會說他們養育過你，所以要你陪伴他們。

雖然人與人交往要彼此互惠，但不少人擅於使用這類招數來操弄別人。**操縱者最終會將注意力從你的需求轉移到自己身上，在你心中種下內疚的種子，操弄局面來遂行私欲。**這顯然毫無互惠可言，因為他們並非發自內心善待你，而是為了一己之私才對你好。

良好關係的特徵

察覺情緒操縱的特徵和了解何謂良好的關係同樣重要。讓我們看看評估親密關係良窳的原則，讓你思考和人相處時真正想要的是什麼。

- 雙方都重視誠實和正直。
- 彼此能自由發言，對方也願意聆聽。
- 互相關懷和心靈相通，但不一定要幫對方處理情緒問題。
- 雙方都願意敞開心胸去接受新觀點。彼此可以提出反對意見。
- 雙方下決定時是平起平坐。
- 雙方會互相尊重和支持，而非以上對下的姿態看待對方。
- 需要妥協的時候，雙方會各退一步。
- 當某一方傷害了另一方，就會誠懇道歉，並且找出問題和負起責任。
- 雙方都不會動粗傷人。
- 即使得做出改變，雙方仍願意一起扶持，持續成長。

認清現狀就能獲得力量

你讀到和反思前述的操縱手段時，會有哪些想法呢？你有沒有豁然開朗，覺得

「啊哈，原來如此」？還是內心產生抗拒，或者感到了然於心呢？你會不會認清了現狀，知道自己為何困惑和沮喪的原因而感到興奮？或者你會感到沮喪，想要報復對方或怒火中燒呢？

你可能聽過「知識就是力量」，現在來看確實如此。**為了知道現在發生了什麼事，你必須踏出第一步去改變現狀，奪回支配權並改善生活**。當你可以找出別人給你貼上什麼標籤時，你就會獲得力量，能夠有效反擊，決定自己想要如何過生活。當你發現錯的是對方，不是自己，你就自由了。

下一章會更深入探討情緒虐待，說明它會如何影響你，同時也會提供痊癒的方法。你會好起來的，自由正等著你。

3 Chapter 情緒虐待和復原

你若懷疑或確認自己曾被人操縱情緒，最好也去了解其他的情緒虐待會如何影響你的生活。本章探討何謂情緒虐待、哪裡可能發生這種惡行以及它會如何影響受害者，然後會說明要如何擺脫這些殘害心靈的虐行，並且開始療癒傷痕。

沒有傷口，卻最難以痊癒的情緒虐待

情緒虐待是一種傷害心理的行為，不一定會伴隨肢體暴力。它包含言語暴力、辱罵、操縱、霸凌、威脅、侮辱、不斷指責、冷漠和疏離等等。雖然情緒虐待不一定會牽涉到肢體傷害或性暴力，但多半會同時發生。被害人受到情緒虐待以後，心靈會受傷，出現憂鬱、焦慮、創傷後壓力症候群（PTSD，又譯創傷後壓力疾患）或人格疾患（personality disorder）等症狀。加害者可能是出於衝動而傷人，也可能刻意為之，不斷中傷受害者來控制他們。

情緒操縱是一種情緒虐待，通常會伴隨其他類型的情緒虐待，一切都是想掩蓋突發的語言侮辱或肢體暴力。如同其他種類的情緒虐待，情緒操縱者會打擊你的自信來操控你，進而削弱你的自主能力。

你很難確切指出自己何時遭受過情緒虐待。對很多人來說，情緒虐待如同「凌遲而死」，只有出現後遺症時才知道發生了什麼事。人受到情緒虐待以後，會感到憂鬱和緊張、全身無力、缺乏自信，認為自己「不夠好」。

不少人經歷過情緒虐待，卻難以啟齒。我常聽到許多心靈受傷的人表示，他們不知為何無法克服後遺症，他們會說「我以前不是這樣的」。如果不與其他受害者比較，要面對自己受過的傷害是很困難的。然而，互舔傷疤不能解決問題，也無法減輕痛苦，只會讓人更難療癒。

很多人否認受過情緒虐待，因為他們不承認自己是受害者。有這樣的本能是好的，表示你內心堅強，不願意屈服，在最痛苦時會盡量讓心靈不再受傷。然而從今天開始，你可以卸下心防，坦承面對受傷的心靈。

也有些人內心強大，很有理智，不願說出自己受過情緒虐待，這是為了保護他們所愛的人。其實傷人最深的，就是我們所愛的人；傷我們的不是陌生人，而是對我們很重要的人。

你不願意坦承，雖然保護了對方，卻犧牲了自己。**不坦承你以前或正在遭受的情緒虐待，就是讓對方繼續犯錯，持續傷害你。**如果他們沒有錯，你就會受傷，心靈破碎；如果他們無罪開脫，你就無法與他們約法三章，保持距離，或者與他們維持比較健全的互動關係。如此一來，你根本無法改變現狀。

你可以活得更出色。即使我們未曾相遇，我知道你可以辦到，你完全值得享有關愛和受人尊重。

情緒虐待不只發生在親密關係之間

不是只有戀人之間才會發生情緒操縱和情緒虐待。

你的老闆可能會改變計畫目標，然後說你沒有依照原定方向去執行計畫，也可能會當著同事的面羞辱你；他們也可能性騷擾別人，卻否定自己的劣行，反而說你上班時會跟同事打情罵俏。你的朋友可能會旁敲側擊，發發牢騷，說你冷落他們，讓你產生罪惡感；他們會暗示你，要你多給予關心，卻不直接明說要你的陪伴；然而，他們要是得不到滿足，就會翻臉不認人。父母可能會批評、輕視或羞辱孩子，又會說一家人要和睦相處，或者推卸責任，謊稱孩子其實心理有問題。

發生情緒虐待和操縱的情境有千百種，結果也各有不同。你身邊有越多這類加害者，你就越可能受到心理傷害。**你和施虐者的關係越近或越依賴他們，你就越難辨別虐待行徑、改變情勢或者逃離他們**，但你別氣餒，一定可以解決問題。

你有這些狀況嗎？情緒虐待受害自我檢測

如果你不知道自己有沒有受到情緒虐待，可以看看以下常見的狀況。如果你有很多類似狀況，卻沒有其他的創傷經驗，你很可能遭遇了情緒虐待。

- 自我懷疑
- 感到羞愧
- 覺得自己「不夠好」或「多餘的」
- 自我批評／有負面想法
- 覺得自己一無是處
- 飲食不正常
- 有成癮行為（濫用藥物、瘋狂購物、暴飲暴食、賭博成性）
- 很渴望別人給你肯定和關愛
- 不想和他人過於親密

- 焦慮
- 憂鬱
- 感到絕望，有輕生的念頭

＊萬一你有輕生的念頭，請立即撥打衛生福利部安心專線（0800-788-995，請幫幫救救我），該專線提供二十四小時免費的心理諮商，或者撥打生命線1995和張老師1980尋求心理諮詢服務。

情緒虐待如何影響你

很多人因為身體沒有留下傷疤就忽略了情緒虐待，但情緒虐待的影響會持續很久。**情緒虐待會使人喪失自尊和自主能力，一旦你自尊心低落和感到羞愧，就會感到憂鬱，與別人往來時也會焦躁不安。**

人會追求安全感，想找個人依靠，而情緒虐待會破壞這一點。人要活下去，得滿足食衣住行的需求，但也需要有個依靠的肩膀，才能生氣盎然。我們無法不依賴別人，也不能決定被誰所影響，所以情緒操縱者就利用人類最基本的需求來迫害我們。如果依附的對象讓我們感到不安，不是會過度依賴他們，就是會拒絕與他們親近。

我們從嬰兒時期起，大腦就會透過「鏡像神經元」（mirror neurons）來感知和了解別人的感受，以便與他人互動。嬰幼兒若是長期接觸關愛他們的照顧者，便會內化對方的反應，這些平靜和滿足的經驗會塑造他們逐漸發育的腦部。然而，他們若是長期處於混亂吵雜的環境或遭人忽視，就無法內化規律的行為，日後很可能會有焦慮疾患或焦慮障礙（anxiety disorder）。

就算我們已經成人，只要經常發怒，也會讓大腦強化與恐懼和危險相關的神經通路（neural pathway）。我們若是長期受人批評，也會強化羞愧、無助和悲傷的神經通路。植物暴露於狂暴的音樂中就會枯萎，人也會被所處的環境氛圍所影響。

我們常說小孩子適應力很強。這樣說或許沒錯，但孩子若是受到虐待，心理的創傷還是會很大。他們受傷以後，傷疤會內化到成長中的心智，等到成年以後，這些傷疤會持續影響他們的言行舉止。無論大人或小孩，若是不斷遭受攻擊，要想適應環境，就是將其視為正常。受害者可能會發現，自己不再認為情緒虐待是不正常的。

就算我們努力壓抑，身體也會有所反應，**情緒虐待會傷害身體，讓人更容易腸胃不適、免疫失調，甚至罹患癌症**。美國非營利組織凱澤基金會（Kaiser Foundation）做過一項研究，調查了一萬七千人，發現人在年幼時若是經歷越多負面情況（包括情緒虐待），長大後越容易罹患生理疾病。

這些研究結果令人震驚，提醒我們必須重視情緒虐待的問題。輕描淡寫或忽視情緒虐待無法讓我們好起來，只要問題沒有解決，我們日後還可能罹患身心疾病，結果得不償失。不過，只要正視這些問題，就能對症下藥，開始嘗試療癒，減輕虐待所帶來的嚴重傷害。

肢體暴力

如果你的伴侶不僅會發怒，更會動手打你，這時就要對外求援，找人幫助你。施暴是不正常的，社會也不容許這種行徑。肢體暴力會越來越嚴重，甚至可能會要了你的命，不要容忍肢體暴力，姑息養奸，不會改善問題，你要馬上向外求助。

即時家暴發生時，直接報警：110

台灣家暴防治二十四小時專線：113

各地家庭暴力暨性侵害防治中心查詢：

誤以為責備和恐懼就是愛

阿米拉很怕老公進門的那一刻。她的丈夫艾倫不會跟她打招呼，只會甩門，點起一根香菸，要她把晚餐端上桌來。當然，在他回家之前，晚餐就得準備好。孩子們要把玩具收好、洗完澡和吃完飯，不能出現在艾倫的視線裡。只要有哪一件沒做好，艾倫就會破口大罵，說阿米拉是個廢物。

阿米拉看著艾倫吃飯時不發一語，不禁想起自己小時候，她心愛的父親看到茶壺上有個小污漬，便會對母親破口大罵。她記得自己怯生生地摘了一朵花送給父親，父親瞥了一眼，就把花丟到桌子上，然後問她有沒有聽母親的話。她記得自己當時很受傷，但又覺得開心，因為她跟父親說她很聽話，得到了父親的關注。

然而，無論她現在多麼努力，她都達不到丈夫的要求。阿米拉心想：「我就是做得不夠好。」

人在容忍情緒虐待時，會將羞愧埋在心裡。孩子若受到情緒虐待，不會感覺父母的行為有錯，日子要過下去，就得相信父母，所以他們受虐以後，往往會把苦楚往肚子裡吞，認為自己犯了錯。**他們學會責怪自己，不會指責父母。**

情緒虐待通常是斷斷續續的。持續的嚴厲批評、侮辱、詛咒、孤立或忽視，可能跟玩樂、關心或「我愛你」之類的訊息相互交錯。**如果孩子被父母關愛的同時又遭受情緒虐待，他們會誤以為愛就是這樣。**

這種情況往往會演變成長期的模式。當一個人在年幼時被嚴厲責罵、貶低或憤怒對待，長大後通常無法和別人親密和好以及獲得安全感。童年時若受到虐待，常常會讓人成年後將變態的人際關係視為理所當然。

同理，施虐者的行為舉止也反映他們童年的經歷。他們可能認同當年的施暴者，沒有發現問題所在，因此內化了暴力傾向。他們也可能缺乏好的學習榜樣，年少時憂愁痛苦，可是父母沒有在旁關心，所以他們從未學會該如何自我規範，於是會衝動施暴，然後又會感到內疚，一直陷於這種惡性循環，無法跳脫出去。

這是很常見的模式，但也有例外。在某些文化和信仰體系中，女人被教導該順服、期待被人支配（日後被人虐待，正是因為如此），以及不惜代價都要維繫（婚姻）關係。有些人可能因為無力掙脫，或者有人威脅要傷害他們的家人，甚至於他們無法經濟獨立而受人操縱，苦苦掙扎。

無論你是礙於心理因素或其他原因而被束縛了，你該知道自己是有尊嚴的，你可以享受無條件的愛。

創傷與複雜的創傷後壓力疾患

也許你從年幼時就受到精神虐待，長大之後還是如此。受虐以後並非只會留下一種創傷，而是會被各種創傷持續困擾。在關鍵的成長階段受虐，受創的影響就會更大。孩子成長時，大腦也在成長，如果他們沒有依賴的對象，大腦的發育就會受到影響，終其一生會有憂鬱症狀和焦慮不安。

人在恐懼中長大，也會受到持續性的創傷。神經系統中管控鎮靜反射（calming reflex）或「戰鬥或逃跑」反應（fight-or-flight response）的區塊可能會過度使用而疲乏，如此便導致兩種結果：大腦可能會強化焦慮和過度警覺（hypervigilant）反應的神經通路，或者人體的自存能量（self-preservative energy）[4]有可能枯竭，讓人缺乏意志力和力氣去保護自己，結果陷入憂鬱而無法自拔。

當你天生的能力無法應付或理解所發生的事，你就會受到創傷。創傷的原因可能是目睹他人死亡或重傷、自己曾瀕臨死亡，或者經歷性侵害等身體主權受到侵犯的事件。當人反覆經歷創傷，例如居住在戰亂地區或童年經常被人施暴，都會引發複雜性創傷後壓力症候群（Complex post-traumatic stress disorder，C-PTSD）。這類創傷是發生在大腦的發育階段，因此又被稱為發育創傷（developmental trauma）。

孩子比較無法應付接踵而來的施虐暴行，可能會發展出解離防禦機制（dissociative defense），也就是分裂部份的意識來逃避痛苦的現實。需要解離的程度人人都不同，有人可能會長期覺得自己有多重人格，或感覺自己的意識脫離了身體。你可能會覺得將思緒抽離現實不難，但偶爾又可能會被憤怒和恐懼的情緒淹

4 譯注：自存是生物傾向於保持和發展自己的生命。生物的再生細胞、防衛性反射活動、心理的憤怒以及反抗屬於自存的機制。

沒，因為你不願回想過去的創傷。解離的人記憶力常常變差，是由於解離的時候，大腦各結構之間的交流會被阻斷，而創傷也會讓儲存和還原長期記憶的海馬迴（hippocampus）萎縮。

話雖如此，大腦具有神經可塑性（neuroplasticity），會持續發展、改變和適應，因此前述的損傷是可以修復的。海馬迴能重新生長，從而增強記憶力，人也會慢慢調適創傷的經驗，將其融入長期記憶，不會時時憶起心靈的傷疤。你可以學習和練習「安心穩步」（grounding）[5]的技巧，讓自己不會經常藉由解離和脫離現實世界來解除痛苦。本書的第二部分將討論治療手段，可從中找出或再處理（解離的）觸發點（trigger），你有可能自我療癒，進而改變人生。

受到多人虐待，無法分辨健全的人際互動模式

如果你在童年時期受過情緒虐待和操縱，長大後又經歷了不健全的人際關係，

5 譯注：grounding 指的是穩固身體重心。從縱軸穩定重心，如此便可大幅安定心靈。

你可能在目前為止遇到過不少情緒虐待者，或許跟父母和手足糾纏不清，因此飽受壓力，還得跟難纏的情人和朋友相處而受盡痛苦。你若是長期經歷情緒操縱和虐待，可能難以分辨和他人不良的互動模式，或者無法約法三章，與對方保持距離以免受傷。因此，你就得繼續和虐待你的朋友相處，或者替自戀的老闆工作，甚至在邪教組織裡忍氣吞聲。這些虐待行徑層層堆疊，分開來還能忍受，但混在一起就足以讓人崩潰。

你不滿意自己的人際關係，又找不到別人來扶持你，不但苦惱到難以負荷，也無法向別人尋求慰藉來熬過痛苦的日子。如果你的手足總是瞧不起你，母親老愛羞辱你，朋友只在乎他自己，誰來幫你解決問題呢？

假使你的老闆喜愛操弄人，總是提出不合理的要求，伴侶聽到你傾訴壓力時，又會說你在「歇斯底里」，你該向誰吐苦水呢？倘若礙於種族或性別歧視，無論多麼強烈表達意見、都沒人願意理睬，此時你該從何處尋求慰藉呢？

此刻的你可能感到絕望，但你不該被過去牽絆。**無論成長過程如何、是否受過創傷，以及家庭背景如何，這些都不能決定你的未來。**你能夠療癒自己和做出改變。你要抱持希望，努力向前邁進。接下來讓我們看看，該如何結束負面的循環。

該如何找回自己的人生？

無論你曾被多少人情緒虐待和操縱，你都可以走出陰霾。所謂療癒，就是打破經驗的限制，自由選擇新的情緒、思考和互動方式，不被過去的陰影影響。**治療時必須先承認發生過或正在發生的問題，學會自我慈悲（self-compassion）和提升自尊心，同時要建立信心，找回應有的權利和能力來發展良好的關係，並且追求想要的生活。**

復原是一段過程，並非一蹴可幾。有時看似前進了兩步，卻又後退了一步，你應該專注於結果，放眼長期成效，別在乎短期能否改變。總有一天，當你回頭看時，會驚覺自己有了長足的進步而自豪。從現在起，你要有耐心，別妄想一夕之間就能改變，那些刺耳的辱罵聲已經過去了。

療癒自我、重建正常人際關係的七個步驟

第一步是接受現實。要解決問題，必須先知道問題是什麼，而且承認問題確實存在。你已經讀完本書的前幾章，可能大致接受自己的問題了。打起精神，療癒的過程已經開始！

第二步是了解問題如何循環發生。當你思考第二章提出的手段時，可能會稍微了解這種循環。當你真切面對現實時，不妨給自己一點空間，**這就是第三步：要為嚐過的苦楚和失落而傷心**。這樣可能會很痛苦，但也是必要的，如此才能釋放情緒。

你可以一邊悲傷，一邊進行第四步，也就是自我聚焦（self-focus）。這並非自私，而是去擁抱你一直渴望的關懷。你可能覺得這樣很彆扭，因為你很久沒有這樣善待自己了。唯有探究內心，才能從深層自我療癒。

第五步是設定界線，讓你和別人保持適當距離，好讓你自由成長。你要清除妨礙生活的藤蔓和雜草，當設定好界線並持續成長時，要隨時反思外界的回饋。**第六步就是決定要和哪些人來往交際**，以及和哪些人分道揚鑣。

第七步是最後一道步驟，你要刻意去營造嶄新健全的人際關係，要完全知道自己想要什麼，了解自己可以享有什麼。無論待人接物、職場拼搏或談情說愛，都要與人互相尊重，彼此善待。

將你的所學所知運用於生活，善待自己，以此發展。你要堅守界線，但要心懷善意，這樣才能保護自己，也才能去愛人，在展開新的人生篇章時，療癒的過程才能開花結果。一旦抵達這個階段，便能永久打破惡性循環。

一步一步慢慢來，給自己一點時間和包容自己、耐心療癒疼痛的傷口。你要是衝得太快，可能會感到沮喪。有些步驟可以進行得比較快，這樣沒有關係，也可能要退回先前的步驟重新來過，這也沒關係。當你按照步驟持續改變時，要多多包容自己。

要知道，被虐待並不是你的錯。**和操縱者一起生活而受到他們的情緒虐待並不是你做錯事了，也不必內疚**。最重要的，當承認自己經歷過這些虐行之後，你得給自己創造需要的空間來自我療癒。

後續章節將拆解這七個步驟，說得更詳細明白，讓你得以實施運用。翻到下一頁之前，請停下來喘口氣：

放下書本，伸展一下，喝杯水。稍微看看窗外的綠葉。慢慢深呼吸，感受胸膛的起伏，讓空氣充滿肺部，滋潤全身上下的細胞。閉上眼睛，留意當下的感受。你準備好的時候，就可以踏出邁向自由的第一步了。

PART 2

從情緒操控中復原的療癒七步驟

我們已經稍微了解情緒操縱和情緒虐待的基本觀念，現在讓我們一起斬斷痛苦的枷鎖。如果你懷疑或認定別人在操弄你，你一定不想再忍下去。我知道改變很可怕，但我也認為，你就是想要反抗，才會讀這本書。

這個部分會詳細介紹擺脫情緒操縱的七個步驟。你只要接受現實、理解情況、讓自己悲傷、自我關懷、設定界線、立下決定、重新建立健全的人際關係，就能永遠擺脫被人情緒操縱的循環。

1 Step 接受現實，面對問題

如果想斬斷情緒操縱和其他情緒虐待的枷鎖，首先必須接受現實。除非你能找出問題和接受現實，否則便會深陷其中，無法自拔。唯有接受現實，才能改變現狀。

坦然接受現實，體認問題的嚴重性

「接受現實」並不是容忍發生在你身上的事情，更不是要讓傷害你的人「逍遙法外」。

接受現實是接受現況，面對問題，不偏不倚地評估它，千萬不要去否定、淡化和逃避問題。如果有跡象指出你被人操縱了，就要坦然接受。接受現實，就是認清現實。

接受現實的時候，不要改變或抗拒發生的一切。要指出問題，感受問題的嚴重性。這是對自己坦誠的步驟，雖然看似簡單，卻不能輕易帶過。你要發自內心去體會問題，了解你有多少心理負擔和付出了多少代價。

被人操弄時，這個面對問題的步驟非常複雜，因為你一旦受人操縱情緒，難免懷疑自我，不相信自己的情緒、感知和經驗。加害者會讓你誤以為自己發瘋了，謊稱有問題的是你。要破除重重謊言、釐清被扭曲的事實和體察自己的感知並不容易。別忘了第一章提到的論點：當你懷疑自己可能被人操縱情緒時，真的很有可能是如此。

你拿起本書，讀到這個章節，就表示你已經接受現實，而且有了進展。

不要合理化問題、不要找藉口

想要改變，就必須接受現實，你不可能改變自己否認的事。如果你拿不定主意，就無法全心投入改變的過程；你應該要能療癒自己，然後重獲自由。

若想接受現實，先要找出問題。別再合理化問題、尋找藉口、忍受別人的指責和找理由開脫，這個過程會很難受；我不會騙你，這樣做並不難。你不只要轉移典範（shift paradigm）[6]、重新分析自以為知道或經歷過的事情，你也會覺得自己正在默默背叛你所愛戀和珍惜的人。

無論親情、愛情或友情，人與人相愛時，都不能操縱或虐待對方。愛人卻不能傷人，愛你的人不會一而再、再而三打擊你。**健全的愛是有界線的，雙方都能受到保護，彼此也能相互尊重。**

你有感到被愛和受人尊重嗎？你多常覺得心靈受傷呢？你是否發現有人精神虐待你之後，總是會接著關愛和肯定你？而如此愛虐交錯，總是會循環發生。你是否認為自己應該完全付出而不求回報嗎？或許你一輩子飽受精神虐待，早已無所期待，誤以為無法改善生活，擺脫現狀。然而，這一切都是騙你的。

6 譯註：「典範」指在某個研究社群裡，各個成員認同的整體性信念和價值。典範轉移是指信念或價值的轉變過程。

要接受現實，就得先留意情況。你要體察自己的感受，傾聽內心想法和順從直覺；你要留意和別人的互動模式，仔細體會自己的感受。人的本能是上天賦予的智慧，你留意情況時，務必相信自己的本能，從中找出真相。

自我檢視，感受內心的情緒

你遭受情緒虐待時，可能會將感受深埋內心。當你不斷受人批評、責怪、羞辱和咒罵，就會一直非常痛苦，所以你會壓抑情緒、否認事實或從情緒中解離（dissociation），這樣才能堅持活下去。情緒操縱者可能會說你反應過度，演得太過火，說你「根本是瘋了」，真是讓他「難以置信」。

你現在站在生命的交叉口。你想繼續否認情緒虐待帶給你的精神傷害嗎？還是願意找出問題，好好療癒呢？「逞強」並非好漢，示弱才能真正考驗你的韌性，正因**心靈強大才能示弱，也才能感受深埋心底的情緒和感受。**

可以每天花點時間自我檢視，或許可以一天和自己對話好幾次，體察內心的真實感受。剛開始可能會不太自在，或者感到很怪異，但你要堅持下去，好好審視內心。你可能感受到一點壓力或不愉快，但要順順地去留意這些情緒，感受內心世界沒有錯。你沒有發瘋，你沒有「反應過度」；**你有感受，並不表示你是軟弱的。**

經歷這個步驟，才能接受現實，知道自己曾遭受情緒操縱和虐待。這麼做也才能稍微停下腳步，留意問題、自我反思以及選擇下一步。這樣一來，你才更能妥善選擇和控制自己的行動和反應。你越了解自己的情緒，就越能夠掌控情緒。

試試看下面的方法。先找到一個舒適的環境，把這本書放在大腿上或擺在身旁。閉上眼睛，用鼻子吸氣，深呼吸，慢慢數到五。憋住呼吸，數到六時慢慢吐氣。重複幾次這個動作。留意你的思緒，注意你的感覺。你覺得平靜？焦慮？煩躁？不耐煩？放鬆？或者困惑？不管你有什麼感受，這些都可以接受，沒有對錯之分。

注意身體的感覺。哪個部位感到緊繃？肩膀會不會僵硬？眉頭是不是緊蹙？會不會感到胸悶？胃會不會緊縮呢？

重新注意呼吸。繼續緩慢吸氣，屏住呼吸，然後慢慢吐氣。當你吸氣時，心中默念你希望得到的正面感受。這些感受可能是「平靜」、「安寧」、「清晰」或「鎮定」。當你吐氣時，默想你要釋放的負面情緒，好比「我要排除恐懼」或「我要釋放怒氣」。至少重複這些步驟五次，或者重複到你覺得可以停止的時候。

留意身體的緊張部位，找到體內感到堅定、鎮定或放鬆的部位，把注意力集中在上面。

在散步、睡前或轉變心情時可以做這個練習，進行時要學著去留意自身的感受。更重要的是，當你試著留意情緒時，就是在學習重視和找出情緒，而這正是療癒內心的關鍵。

正視自己的感覺

如果你不曾正視自己的情緒，下面這些簡單的問題可幫助你。

- 我現在身體裡有什麼感覺？

- 這些感覺和情緒有關嗎？
- 我今天曾遇到什麼事而沮喪嗎？
- 如果我今天沮喪過，那是什麼事呢？
- 我會用什麼字眼來形容自己對那件事的感受呢？
- 我想改變心情嗎？
- 如果我想改變心情，我想轉換到哪種心情？
- 要做哪一件事才能轉換到那種心情呢？

誠實面對自己

「對自己誠實」再重要不過了，你已經被別人（可能是你愛的人）欺騙和操縱了很久。要承認這點會讓你難過，但你不該被人如此對待，你有權了解真相和誠實面對自己，要讓自己重新掌握局面。

你一旦被人反覆操縱，就無法真正理解現實，也會思緒混亂，感覺很不踏實，可能會以為自己發瘋了，但事實並非如此。

虐待者會孤立攻擊目標，受害者只能尋求他們的支持。這種情況很可怕，要保持客觀也不容易，畢竟當你認為「安全的地方」並不安全的時候，你還能往哪去呢？被所愛的人傷害也會影響你的自我價值（self-worth），**別忘了，你沒有錯，問題也不是你造成的。**他們可能看不見你的優點和價值，但這不會改變事實。你的價值是與生俱來的，絕對不會改變。

當你誠實面對自己以及接受你所知的現實，你就像是在流沙裡奠定穩固的基礎，可以分辨或拒絕謊言。要對自己坦承，首先就是重拾力量、找回自我以及讓情緒恢復正常。

幫助你接受事實的激勵語句

當你遭受情緒操縱和虐待時，常常會將羞愧埋在心裡。只要複述或默想下面的激勵語句，便可將內心自我批判的雜音轉為自信的聲音，讓你得以擺脫情緒操縱者。

- 我夠好了。
- 我值得被愛。
- 我很有價值。
- 我應該擁有自己的空間。
- 我要關注自己的情緒。
- 我相信內在的智慧。
- 我原本的樣子就很棒。
- 我充滿神性。／我擁有神的模樣。

分辨虐待者的手段

菲利浦從小就經常服用很多精神疾患藥物，因為他的母親不斷想找出他患有哪種精神病，以了解他為何情緒總是不穩定。直到菲利浦要上大學了，還深信自己一直有精神方面的問題。

然而，菲利浦再也受不了藥物的副作用，所以決定不再吃藥。然而，他擔心停藥以後，可能會像母親警告他的，他的病會再次發作。事實並非如此，他反而過得更好，還參加了游泳隊，甚至和一名愛他的年輕男孩交往。

菲利浦和李奧納德越來越親密，他便慢慢分享自己和母親的事情。有一天，李奧納德告訴菲利浦，說他的母親可能操縱了他的情感。菲利浦感到好奇，難道母親帶著他四處看心理醫生，只是為了找到一位願意妥協的醫生，讓他認定菲利浦有問題並且開鎮定劑嗎？

菲利浦回憶童年後發現，母親當年認為他有精神病，所以他才會發脾氣和哭鬧。然而，他當年是個敏感的小男孩，母親控制慾強、尖酸刻薄又容易動怒，他之所以耍性子，只是和母親同住而自然會有的反應罷了。母親不願意聽他訴苦，反而要醫生認定他有精神病，好讓別人同情她，讓她推卸責任。

這讓菲利浦難以承受。然而，一旦他堅信自己，不讓母親繼續謊稱他有精神病，他便首度感覺到自己很堅強。

菲利浦遭遇的情感操縱時間很長，而且對方手段隱晦，很難加以辨別。青少年本來就會依賴大人，因此菲利浦很難留意和發現母親的虐待行徑。他深陷其中，只能默默忍受羞愧和無助的情緒，覺得自己一無是處。如果他沒有稍微跟母親保持距離，透過外人的眼光來重新檢視這段母子關係，他可能就無法跳脫情緒操縱的惡性循環。

從客觀的視角找出情緒操縱的手段很重要，如果你長年被人操弄，便不可缺少像菲利浦男友這樣提供的外界觀點，如此一來你才能梳理過去的經驗，並且仔細檢視問題。**如果這個值得信賴的人知道你和操縱者的關係，他們的看法會更有價值，因為他們可以幫你釐清你所懷疑的記憶。**

本書也能提供你客觀的視角。你可以將上一部分中第二章所描述的操縱者慣用手法和自己的經驗互相對照，看看有沒有類似之處。

試著寫下自己的感受，寫的時候不要停筆或有所顧忌，等寫完以後再去讀自己寫下的東西。**可以試著用非慣用手來寫筆記，字跡可能會很潦草，但換手來寫可讓你進入更深層的心智歷程，**因為平時產出語言的行為和處理邏輯的腦半球有關；你覺得難以下筆時，用這種方式就能避免自我審查。寫完之後，才回頭去閱讀和分析你所寫的內容。

紀錄自己感覺被情緒操控的情境

菲利浦的故事只是受害者無法辨認情感操縱和接受現實的案例，別人可能曾說你「反應過度」、「自私自利」或「謊話連篇，撕裂家人情感」。即使你逐漸具備自我知識（self-knowledge）和狀態意識（situational awareness），這些人指控你以後，你可能還是會噤聲不語，甚至自我懷疑。你只要發現和找出這些壓抑別人的技倆，便可掌握真相，站穩自己的腳步。

當你建立信心和指出自己經歷的事情，就能理解某些出人意料或神秘難測的情緒觸發點。你可能偶爾會反應很激烈，胡亂對別人發脾氣，卻不知道自己為何會如此；如果你能指出自己經歷了什麼，就能重新控制情緒。當你留意到操縱手段的循環方式，就更能擺脫別人的操弄。你會知道自己為什麼痛苦，不會因為別人置之不理，就誤以為你的痛苦只是幻想而已。

當你懷疑自己可能受人操弄，請牢記在心，甚至大聲說出來：「我覺得有人在操弄我。」你可以退一步去檢視特定的情況，假使有必要，你可以發問、說出你所知的實情或詢問目擊者，藉此蒐集更多的訊息。如此一來，你就能擺脫「瘋狂的循環」，明確知道該如何去應對。

舉例來說，如果你懷疑伴侶出軌，但對方竟然想操弄你來避重就輕，或者同事操縱你，試圖掩蓋他們的貪污劣行，請列出讓你心生懷疑的情境和他們的解釋。把情況都寫下來，寫的時候不要做任何解釋或推斷。

寫成白紙黑字以後，從客觀的角度重頭讀一遍。重讀你那幾天的日記，拿它和這份列表做對比。你也可以將這份列表拿給值得信賴的朋友或治療師過目，聽聽他們有何看法。

相信你的直覺。想想你還得從哪裡或如何去蒐集資訊來證實你的懷疑是合理的，千萬不要因為害怕而逃避。水落石出以後，你可能會難過一陣子，但從此以後就能不必因為猜忌別人而痛苦。

請牢記這點：你沒有錯

當你開始接受與人來往的現實情況時，別忘了你是沒有錯的。無論你和對方互動有多麼糟糕，你們彼此是如何相處應對，只要對方說謊騙你、擺佈你和操縱你，責任就完完全全落在他們身上。

可能你知道這一點，心中卻無法接受這種事實。從現在開始，你要努力相信自己所知道的東西。接受事實需要一段時間，**當你經歷了創傷，你的感受和你所知道的東西就經常會有落差，因為創傷會阻斷正常的訊息處理，同時將思想和感受鎖在個別的腦部區域**。如果你覺得深陷泥淖，無法前進，接下來會介紹一些有效的大腦治療方法和工具，可幫助你在心靈深處將「知道、卻感受不到」的事實整合起來。

面對情感操縱者時很難認定自己沒有錯，因為他們會想辦法逃避責任，推卸責任並甩鍋給你，強迫你去接受扭曲的事實。若想擺脫困境，就得看清對方如何混淆局面，然後駁斥他們。對方操弄你的時候，會試圖掩蓋真相，隱藏他們的詭計。要知道，你若是被人操弄，完全不是你的錯。

接受事實並釋放情緒的三個練習

你想接受事實，卻可能無法順順利利，逐步達成。或許你某天突然接受了事實、思緒清晰、甚至滿懷怒氣，隔天又會感到迷惘，有所懷疑。

這時就要翻開筆記。重讀你寫的內容，然後想一想。閉上眼睛，感受自己的情緒，傾聽內心的聲音。

當你思路清晰並理解真相，就會心平氣和。你或許會感到悲傷和憤怒，但困惑會逐漸消逝，在平靜中會油然生出自信。你還不必下決斷，但能意識到問題，就已經開始改變現況了。這些嶄新的發現和逐漸澄澈的思緒，都會讓你重獲自由。

不妨嘗試以下的練習，讓你發自內心接受現實。可以根據不同的狀況，選擇對你最有用的方法。

練習1 連結所有的點（DOTS）

這項練習參考了接納與承諾療法（Acceptance and Commitment Therapy，簡稱ACT），讓你可以釐清自己有可能逃避的現實。拿出一本筆記，寫下回答。

- 首先，列出你和別人相處時牽涉情緒操縱和情緒虐待的各種事物，譬如極力逃避的想法、感受、恐懼和記憶。
- 第二，找出這些點（DOTS）
  - —D：你如何讓自己分心（distractions），不去想這些事？（例如：看電視、購物、聊八卦，以及逛社群媒體）
  - —O：你捨棄了（opted out）哪些東西來逃避現實？（例如：和別人交談、跟別人發生衝突，以及和他人建立關係）
  - —T：你如何改變自己的想法（thinking）來迴避真相？（例如：合理化情況、否定現實，以及大事化小和刻意淡化）
  - —S：你曾用過哪些藥品／物質（substances）或做過哪些自殘（self-harming）行為來避免想起或感受正在發生的事情？（例如：酗酒、暴飲暴食和自殘）
- 最後想一想，上述行為讓你解脫了嗎？或者對你造成了什麼傷害？如果你擺脫前面的點（DOTS），好好去了解真相，你現在會如何呢？（你會不會已經獲得升遷、交到新朋友或更加健康呢？）

練習2 運用情緒釋放技巧

你接受現實。

這項練習以指壓（acupressure）[7]為基礎，按壓重點穴位，並以口號輔助，幫助

- 請評估你受到情感操縱／情感虐待的壓力指數，從0到10，大概是多少？
- 用兩根手指輕觸眉毛，同時複誦：「我討厭現在發生的事情，但我深切並完全接受我自己。」
- 持續這個步驟，將手指移到眼睛外側、眼睛下方的骨頭、鼻子下方、下巴、鎖骨、腋下，最後回到頭頂。輕觸每個部位時，都要複誦前面的句子。
- 重新評估你的壓力程度，持續這個步驟，直到你更能心平氣和以及接受自我。

7 譯注：以手指按壓身體的特定部位來緩解疼痛或治療疾病的方法。

練習 3

保持心平氣和

這項練習可以讓你在接受痛苦的現實與情緒時，學習如何累積個人資源，以及學會應對的技巧。

- 請列出五項可以讓你平靜的事物，從你的五感著手。例如：香氛蠟燭或精油的味道、輕拍你家貓咪的感覺、輕柔音樂或花草茶的味道。
- 當你遭受情緒虐待而情緒起伏很大時，嘗試用這些東西讓自己平靜下來，不要去逃避。你只要能保持平靜，就會發現自己能接受痛苦的事實，不會被痛苦擊倒。

既然你已經開始接受現實，讓我們開始探討操縱者通常會運用哪些模式，這樣你才能更加了解情況。你越了解自己的生活出了什麼事情，就越能打破枷鎖。

2 Step 了解情緒操縱的循環

為了打破煤氣燈效應，不再被人操弄，最好要了解情緒操縱的循環。你逐漸認識這類常見的行為模式時，可能會發現有些與自己的經驗類似，有些可能不盡相同。

你摸索這些模式時，要留意自己的感覺，觀察身體的反應，以便接受身體傳達的訊息。當你逐漸發現傷口，會從中學習未來該如何抵抗別人，不受人操縱，如此便能不讓自己受傷，知道該和哪些人來往，生活才會充滿活力。

了解自己和操縱者的關係模式

和情緒操縱者相處時，常見的關係模式有很多種。認識這些模式時，要了解並非所有的關係都遵循同樣的模式。操縱者和受害者共譜的死亡之舞有各種截然不同的形式，這得看操縱者有哪些病症和屬於何種類型，好比他們是虐待型、自戀型或防禦型等等。

愛戀轟炸、輕視和拋棄

安潔莉娜的上司蘿絲是位記者，果敢堅毅、事業順遂且影響力十足，她因為自己受到蘿絲的關注而受寵若驚。安潔莉娜被蘿絲稱讚、受到她的關注、和她共進午餐、甚至接到蘿絲交付的重大任務，這一切都讓她肯定自己的價值。蘿絲甚至暗示安潔莉娜，說她有一天可能會頂替她的位子。

不過，安潔莉娜發現，蘿絲有時會粗魯無禮。蘿絲會對她的穿著有意見，她便試著不放在心上，甚至模仿蘿絲的穿衣配搭。當蘿絲批評她稿子寫得很爛，當著同事的面把她的稿子扔給她時，她也會告訴自己，要學到東西，就得忍氣吞聲。況且蘿絲時不時也會指出，她只是想讓安潔莉娜發揮潛力。

然而，安潔莉娜對工作越來越上手，蘿絲的批評卻不減反增。她漸漸無法忽略蘿絲的話：「妳怎麼連一件小事都做不好？」或者「這到底是妳寫的，還是妳家的狗寫的？」當安潔莉娜看到蘿絲邀請另一位實習生吃午餐時，內心大受打擊，因為一直以來，只有她才能享有這種特權。當蘿絲和實習生走出房間時，安潔莉娜無意間聽見蘿絲稱讚對方：「我想聊聊你未來的前景。你真的很有潛力……」

不久之後，安潔莉娜被叫到蘿絲的辦公室，蘿絲遞給她一張終止自由僱傭實習（at-will internship）[8]通知單。安潔莉娜看著通知單，眼眶含淚。她抬頭看向蘿絲，蘿絲只是說道：「就這樣，妳可以出去了。」安潔莉娜於是黯然離去。

安潔莉娜的情況足以說明受害者如何經歷愛戀轟炸（love-bombing）、輕視和最

8 譯注：僱主或僱員都可隨時終止的僱傭關係，可以出於某種理由，也可以不需給理由。

終被拋棄的循環。進一步解析這個循環以前，先讓我們從另一個角度來觀察琳和埃里希的戀愛關係。

結束夜間課程之後，琳在傾盆大雨中遇見了埃里希。琳發現汽車爆胎，只能無助地站在一旁，幸好埃里希過去幫她，讓她非常感激。埃里希幫她換輪胎時，他讓琳坐在他的車子裡，這讓她不禁心生一股暖意。

琳看到埃里希英雄救美，頓時便著了迷，於是接受他的邀請，到附近的咖啡廳暖暖身子。兩人的關係發展得十分迅速，埃里希人好得讓她難以置信；他英俊細心，總是在讚美她。其他男人注意到琳時，埃里希似乎很嫉妒，這讓她感覺很窩心。

琳不想那麼快就和埃里希發生肉體關係，但埃里希卻心急難耐：「我控制不住自己！寶貝，妳讓我慾火焚身。」於是，她心軟了。

不久之後，琳發現埃里希變了。他變得比較冷漠。兩人外出時，埃里希的目光都會飄到其他女人身上，但他辯稱琳只是在幻想而已。埃里希給她「回饋」時，偶爾會尖酸刻薄，讓她十分震驚。當琳說她感覺他們的關係有些變化時，埃里希便嗤之以鼻。「像妳這樣的女孩應該慶幸能和我這種人交往，妳沒有那麼好。妳知道的，我想要誰，就能手到擒來。」

此後不久，埃里希證明了自己泡妞手段高明。當琳走出教室時，發現埃里希把車停在她的車子旁邊，正在和另一個女孩親吻。他抬起頭，盯著她的眼睛，洋洋得意，然後轉身看著那個女孩。

你若是從未受到真心、無條件的關愛，可能很難分辨真愛和愛戀轟炸的區別。真正愛你的人會真心關愛你，要給你幸福；然而，愛戀轟炸你的人只是想到自己，要滿足擁有你、操縱你和控制你的欲望。他們可能會送你禮物、諂媚你和恭維你、剛與你交友或戀愛時，讓你們的情誼快速進展、讓你依賴他們、不時提到他們如何「幫助過你」，以及談論你以前有哪些弱點和問題。他們承諾會實現你的心願，但一切都是謊言。**一旦他們「得到」你，他們就會貶低你，然後拋棄你。你可能被他們批評和羞辱，甚至被拿來和別人比較。**這種戀人可能會背叛你，還有透過貶低你來替他們的行為開脫；而這類型的朋友可能會謾罵、貶低你。

真愛你的人會以你的快樂和幸福為重，他們會出於欣賞和喜歡而希望和你在一起。他們稱讚你的時候自然誠懇，且不求回報；會送你禮物，但不會強調他們有所付出，或者說你虧欠他們；當他們幫助或「拯救」你之後，也不會四處張揚，純粹只是當下出於善意而已。

用愛戀轟炸來操縱情緒的人，會像掠食動物觀察獵物一樣仔細觀察你，同時施展魅力來吸引你。他們會找出你的弱點，假裝關心以及願意聆聽你的心聲，其實他們想藉此操弄你。你和他們互相依附，兩人情感會看似真實。

人若沉浸於親密關係（尤其是性關係）時，大腦會分泌一種名叫催產素（oxytocin）的賀爾蒙，讓人和他看重的人進一步維繫情感。**這種賀爾蒙會讓人產生愛戀和聯繫感，使人與人更緊密聯繫。然而，這類感覺看似美好，卻會遮蔽理智，讓人忽視危機的警訊。**

一旦操縱者吸引了你並讓你產生依賴，他們就會感覺乏味，開始貶低你。這種轉變其實不是很大，可能剛開始會有點瞧不起你或厭惡你，欣賞你的特質又害怕被你超越，所以會想貶低你，讓他們重新成為關注的焦點並高高在上。你在這個時候就會發現，當他們批評、侮辱你，看輕你的功勞時，又會張揚他們自己的成就，還會在別人面前說你的壞話、強調自己的權力，或者提到他們以前慷慨大方，給過你禮物或幫助過你，說你「欠他們人情」，藉此從中牟利或撈到好處。

如果你看過貓抓老鼠，就能理解這種模式。首先，貓會仔細觀察老鼠，然後玩弄老鼠，不斷弄傷牠，放了老鼠以後又再攻擊牠。最後，貓會感到厭倦，於是就會殺了老鼠或把牠弄成重傷，玩弄老鼠的過程，遠比結果重要。

同理可知，藉由愛戀轟炸來操縱情緒的人，最後失去對受害者的興趣，然後尋找下一個目標。他們通常已經鎖定新的目標，開始一步步去操弄對方。這類型的操縱者通常屬於自戀型或虐待型，他們要別人不斷崇拜他們，而且希望不是只有一個人崇拜他們而已。

重新討好，「吸回」獵物

珍妮克終於和麥可分手了。她發現麥可酒後開車，車上還載著孩子，於是便和他攤牌。她已經想好下一步，孩子和行李也都在車上，終於走出了家門。多年以來，麥可一直否認自己做過這些事，讓珍妮克不斷自我懷疑，甚至覺得自己是不是瘋了，這一切都讓她長久失去自由。

不到幾天，珍妮克看見麥可在社交媒體上放了一張他和另一個女人的合照，她心裡感到一陣刺痛。然而，她又收到麥可的訊息：「寶貝，我失業了，付不起房租。你可以幫我一次嗎？」她感到愧疚，匯了一點錢給麥可。麥可是孩子的父親，她不忍心讓他流落街頭。

珍妮克越來越常接到麥可給她的訊息和電話。麥可曾帶著鮮花去她的住處，他求她原諒，但又威脅她，說她如果拒絕，他就會傷害她。有一天，麥可開著裝滿行李的車子去找珍妮克，說他沒地方住了，她應該要接受他吧？一切就會像過去一樣。他需要她。

珍妮克轉頭看著孩子。如果她拒絕了，她就當了壞人。孩子們會想念父親，而且麥可發誓會戒酒，一切都將重頭開始。

珍妮克打開了門，讓麥可進到屋裡。

吸回（hoovering）[9]是操縱者常用的一種手段。當他們走完愛戀轟炸、貶低你和拋棄你的循環以後，可能會暫時從別人那裡滿足他們對關愛的需求。然而，他們的控制慾很快就會變得強烈，於是又會無所不用其極想喚回你的心。他們會訴諸你們的共同回憶，拿孩子需要關愛當作藉口、給你承諾、向你獻殷勤或說謊話來讓你心軟。這些人就像拿著一台吸塵器，把你的自我和獨立吸進他們無底洞的需求之中。

對方要挽回你時，可能會重現你們先前的互動模式。愛戀轟炸／貶低循環會再度出現，但節奏會越來越快，讓你頓時難以招架或無法察覺他們的意圖。他們可能會一邊道歉和奉承你，向你承諾更美好的未來或送你禮物，一邊又會說些讓你內疚或侮辱你的話。**於是，你會感到不安、困惑和缺乏安全感，但又懷抱一點希望，這些都正中情緒操縱者的下懷。**當你以為他們不會再批評你的時候，他們又會突然給你一記重擊，如此就能讓你喪失信心，無力擺脫他們的掌控。

9 譯注：意思是如同胡佛（Hoover）牌強力吸塵器一樣把受害者吸回去。

務必留意這種操縱技倆。他們可能會重塑你們的共同經歷，但會扭曲事實，說他們才是受害者，是你冤枉了他們。如果你發覺不對勁，請相信自己的直覺，他們是刻意要讓你有罪惡感。你知道你們之間發生了什麼事，也知道自己必須轉身離開，請務必要堅定你的信念。

人間蒸發和封鎖訊息

尤蘭達真心在乎朋友珊卓拉——她們讀同一間藝術學校，而且一拍即合。珊卓拉很快就提議她們一起租屋，尤蘭達也認為這個主意不錯。兩人一起生活，起初過得很開心，然而隨著尤蘭達結交的朋友越來越多，珊卓拉有時候會發脾氣。尤蘭達有一次和同學去吃壽司，珊卓拉就跟她賭氣，一整個禮拜都不和她說話。

尤蘭達問珊卓拉發生了什麼事？珊卓拉只是聳聳肩，咕噥說道：「沒事。」幾天後，尤蘭達發給珊卓拉一封簡訊，話說得很誠懇，希望可以化解兩人的矛盾。珊卓拉回了訊息，說尤蘭達「太過敏感」和「無中生有」。之後，珊卓拉又和以前一樣和尤蘭達相處，但從未明說她倆之間有什麼問題。尤蘭達很困惑，難道一切是她的幻想嗎？

沒過多久，兩人的矛盾越來越大。尤蘭達交了男朋友，珊卓拉經常抱怨尤蘭達都不和她在一起。每當尤蘭達要跟男友約會，珊卓拉都會發生問題，要立刻跟她坐下來談。

有一天晚上，尤蘭達要和男友去跳舞，珊卓拉又傳訊息說想和她談談。尤蘭達決定先不管她，晚點再來應付。

當她回到住處時，珊卓拉不在家裡。尤蘭達試著回覆她的訊息，但沒有收到回音。到了隔天早上，珊卓拉還是沒回覆，尤蘭達開始擔心。她上課時發現了珊卓拉，便去詢問她。珊卓拉語氣平淡，告訴尤蘭達她住在朋友家，然後就換到教室的另一處位子。接下來的一個星期，珊卓拉都不回覆尤蘭達的訊息，也不和她說話。到了週末，珊卓拉回到兩人的住處，打包完行李以後就離開了。當尤蘭達試圖聯繫珊卓拉，想知道發生什麼問題時，她才發現自己的號碼已經被珊卓拉封鎖了。

珊卓拉表現出許多情緒操縱者的行徑，一開始就套用愛戀轟炸、貶低和拋棄對方的循環。接著她封鎖訊息（stonewalling），不和尤蘭達聯繫或採取冷漠對待，讓她這位室友倒頭去追問發生了什麼事情？最後，珊卓拉搬走、封鎖尤蘭達的電話號碼，直接人間蒸發，根本不想解決兩人之間的衝突。

情緒操縱者會利用這些手段來控制自己和他人的互動關係，試圖去影響對方。**他們會玩弄你的心思，強迫你去關心他們，甚至默默離開，以此操縱你的情緒，讓你擔心自己是不是傷害了他們**。這一切都會讓你屈從，想和他們和解，他們就能佔據上風，高高在上。

為虎作倀者

情緒操縱者的身邊常有一票人助紂為虐，我們把這些傢伙稱為《綠野仙蹤》裡惡女巫的下屬「飛猴」（flying monkey）。這些人會替操縱者霸凌受害者，幫操縱者達到目標。這些飛猴不一定知道自己為虎作倀，他們也可能同樣受到操弄，誤信操縱者編織的事實，認為自己在伸張正義，而且誤信操縱者，認為他們是好的。然而，有一些精明的傢伙為了討好有權有勢的操縱者，於是甘心去幹一些骯髒的勾當。在獨裁者操弄的政黨中，該黨的政客會相信黨的核心價值，於是成為飛猴，幫忙辯護與掩飾獨裁者的極端行為。

飛猴經常會在家裡尋找責怪的目標，這樣的現象在家庭治療（family therapy）中被稱為「指定病人」（identified patient）[10]。他們會和操縱者站在同一陣線，責怪或羞辱受害者。例如，被家人騷擾的成員，若勇敢說出自己的遭遇，指出其他的家人毀了自己的一生，就會被那些家人羞辱。

教牧諮商師（pastoral counselor）[11]處理家暴時，可能會強調家人之間要彼此忠誠和相互寬恕，或者認為「雙方都有錯」，結果讓施虐者推卸保護對方的責任。父母虐待孩子以後，也會替彼此開脫，說他們只是「管教孩子」，同時轉移焦點，謊稱是孩子不聽話。

10 譯注：指代罪羔羊，通常指家庭的問題人物，聚光燈的焦點，總愛惹是生非，表面上家庭的問題都出自於他，其實是家人之間的互動都出了問題。

11 譯注：教牧諮商輔導是由牧師或神職人員以基督教的信仰為基礎，融合了現代心理學知識以及助人技巧，向心理、精神與靈性上有需求者提供關懷和協助。

飛猴會暗中監視受害者、散播閒言閒語、威脅別人、謊稱操縱者才是受害者，以及隱瞞他們的惡行。**操縱者會利用自己的魅力，直接或間接給予飛猴獎勵，讓他們受人認可或給他們權勢，好讓這些人繼續幫他們作惡。**這些飛猴會譏諷嘲弄，讓別人看不起他們的迫害目標，藉此掩蓋惡行，還會振振有詞，說自己做得沒錯。

設定與人相處的正確界線

情緒操縱者不認為別人是獨立的個體，因此會不斷侵犯他人的界線，從而破壞他們與別人之間的良好互動模式，進而為所欲為。

要察覺越界的行徑可能不容易，因為它們是慢慢蠶食的；你有時反而會感受到愛意，因為他們都在你身邊隨時關注你。他們可能會替自己開脫，好比說：「我只是太想念你了。」或「你對我很重要，所以我才會忌妒。」

更複雜的是，如果你從小和父母互動時，就發現他們不尊重你的自主意識，長大之後遇到操縱者（無論是你的父母或別人）管控你、給你設下規則、對你隱瞞事情或者懲罰你，你都會將其視為理所當然，不認為對方逾越了界線。**因為你不知道什麼是健全的人際關係，很難知道受人尊重是什麼感覺**。因此，別人會有所警覺的事，在你看來可能是立意良善或很正常的行為。

如何營造良好的關係

要了解良好的關係是什麼樣子，這點很重要。你要知道良好與不良關係的差別，才能評估自己現在的情況並設想未來。在良好的關係中，你有自己的空間，可以設定界線和拒絕他人，同時選擇要付出什麼，你身邊的人也會誠心接受並尊重你設定的界線；你也會讓別人表達需求和關心他們，但不一定覺得自己非得要滿足他們想法或幫助他們解決問題。人與人之間是彼此尊重、互惠和欣賞的。

在情緒虐待中長大的孩子，不懂如何說「不」

如果你在成長時不斷受到情緒虐待，你可能會習慣去安慰和滿足他人。有些孩子受到傷害時會抗拒，結果反而被虐待得更慘；有些則學會察言觀色，努力當個乖巧或完美的孩子。大人原本應該照顧小孩，這些孩子反而要去安慰大人，讓大人不要暴怒失控，結果自己卻承擔了極大的心理包袱。

人若在成長時遵循著這種模式，一旦受到關注或偏愛（甚至少受點父母的責備），大腦便會發展酬償／獎勵迴路（reward circuitry），因此更會去討好別人。長久下來，人的神經系統就會定型，認為取悅或「諂媚」他人，就等同於確保自己能夠安全和生存（無論是確實不受肢體傷害，或者是讓自己安心）。

這種模式顯然不容易打破。當你離家與人建立關係時，比如小時候面對老師以及和朋友相處，或者長大後和別人相戀，在公司應付上司，以及參加宗教團體與人互動，你會認為服從權威是理所當然的，甚至認為這樣才能確保安全。**你很難拒絕別人，甚至完全無法對他人說不，因為你在成長時受了創傷，隱隱覺得拒絕別人很危險，好人要逆來順受。**肯德拉受制於這種經驗模式，所以影響了她的戀情。

肯德拉剛上班時，主管亞曼立刻就喜歡上了她。她發現自己經常要在亞曼手下工作，亞曼也會不時打電話叫她去加班。肯德拉立刻就回覆了來電，因為她不敢拒絕，害怕亞曼會生氣。

有一天，休息室裡只有肯德拉和亞曼兩人。亞曼抓住肯德拉的肩膀，強吻了她。肯德拉大吃一驚，退了開來，亞曼對她微笑（輕蔑一笑？），就走出了休息室。那天傍晚，肯德拉收到亞曼的簡訊：「明天下班後我帶妳去看電影，記得帶件可愛的衣服來換。」肯德拉感到不安，卻不知道如何反應，只好簡短回覆：「好。」

肯德拉的反應是一種討好他人的行為，也就是人若在成長時期被人虐待，即使遭遇許多人認為是危險或侵犯界線的情況，依舊會去淡化衝突場面，讓自己感覺一切正常，給自己帶來安全感。她在潛意識中仍然不斷重複出現「你怎麼敢頂嘴！」和「你別想躲開！」之類的話語，所以至今都無法表達自己的立場。

人在童年時經歷情緒虐待或者因為表達需求而被處罰，可能一輩子都會想去討好他人，認為要與人和平共處或和依附別人，就得順從別人，讓自己顯得有用處，還有忍受其他人不喜歡的苛求。如此一來，大家都會相互依賴，無法表達自己的權利和需求。一旦與人發生衝突，就會立即屈服，忍氣吞聲，希望獲得對方一絲絲的關心、善意和讚美。

你若是如此，就很容易被人操弄。對方會敏銳地察覺到你渴望依附關係和喜歡討好別人，於是對你上下其手，藉此滿足他們的私欲。**如果你在年幼時就不知道人與人之間應該平等對待，你往後一生都會這麼認為。**

你要知道這種觀念是錯誤的，不必因為想和某人交往，就去屈服於他們。無論是與人交往或孑然一身，你都無比珍貴且具有價值；和別人交往時，對方要看得見你的價值，愛你這個人，而且不會把你當作一件可以擁有的物品。你值得被人讚美、珍愛和尊重。

害怕別人生氣、害怕被拒絕

害怕是很強力的動機，能迫使人立即行動或僵在原地。人只要一恐懼，大腦核心底部的杏仁核（amygdala）便會受到刺激，引發戰鬥或逃跑反應。此時，神經系統中會充滿荷爾蒙，讓你挺身戰鬥、逃避危險、或像詐死的動物一樣僵直不動。這是快速的下意識反應，屬於人與生俱來的本能，你無需對此感到羞愧。

情緒操縱者會利用你天生對恐懼的反應，要不是生氣發怒、表示要傷害你，就是暗示要拒絕你，激發你的本能反應，讓你覺得被孤立，生存受到威脅。人生為動物，無論處於哪種情況，本來就會有強烈的生理反應。

你的創傷經驗會影響這種神經連結，如果你成長時經常看到別人發怒，無論他們是對著你生氣、或者父母之間吵架、甚至在你身處的群體有人爭鬥，你的恐懼機制會變得很敏銳，隨時準備做出反應。同理，如果你在家裡或學校經常受到忽視或被人拒絕，你對拒絕的感知也會更為靈敏。了解你的過去經驗，可以幫助你該如何面對現在操縱你情緒的人。

虐待型操縱者陰險狡猾，他們知道你很敏銳，所以會利用這點。他們不會讓你感到安全、保護你或愛你，而是揭開你的傷疤，以冷酷無情的方式操縱你。他們會耍心機，迫使你屈服，但在你感受痛苦且還未下決心反抗之前，馬上又會轉向，對你友善溫和，繼續把你玩弄於股掌之間。

他們這樣耍手段，讓你很難建立和堅守界線，使得你不敢挺身反抗。了解自己為何害怕以及你的戰鬥、逃跑或僵硬的反應，就能自我慈悲，體諒自己。如此一來，你才能跳脫被人操縱的循環。當他人怒目相對時，你當然會不舒服，要留意自己的感覺，確實去感受它，然後寬容自己。

無論你有多麼害怕，都該設定自己的界線。

知道得越多，就越有機會逃離

知道自己被人操弄以後，只要逐漸了解這些情緒操縱的循環和它們如何影響你的生活，你會感覺自己越來越有力量。了解自己以前為何容易遭受情緒操縱，便知道該從哪些地方去深層療癒自己。你要有這樣認知，也要自我憐憫。後續章節將更詳細探討療癒的過程。

我不是要你自我批判。你不必譴責自己「怎麼沒有早點發現」，如果你身在船艙內，根本不可能看清整艘船的模樣。你不妨把本書當作地圖，從中了解整艘船的結構格局。你可以選擇要不要利用這張圖來離開船艙，以及決定是否要逃離這艘船。

接下來的練習可以幫助你找出本章所講的情緒操縱循環，讓你得以擺脫它們。跟著提示做練習時，可以把筆記本放在身邊，隨時記錄自己的想法。

練習 1

找出情緒操縱的模式

你在閱讀第二步驟時，有特別注意到哪些循環或模式呢？你對哪些模式感受最深呢？花點時間，找出你覺得最熟悉的循環，然後根據自己的經驗列出依循這個循環的人際關係。當你寫的時候，留意自己的情緒和身體緊繃的部位，傾聽這些訊息，把它們也記錄下來。

- 循環或模式：

・我的經驗：

練習2 面對自己「看見別人生氣時」的恐懼

眼睛看哪裡，就會影響自己的感覺。這項練習結合了腦點療法（Brainspotting therapy）中的凝視（gazespotting）和專注（mindfulness）原則，並且結合導引式想像（guided visualization），來減少適應不良的恐懼反應。

想像一下你最近和人爭吵的情況，但吵架的過程沒有讓你太痛苦。注意自己逃跑、防禦或反擊的本能，或者發生衝突時你感覺被困住的情況，**並提醒自己這些是自然反應。**

緩慢地深呼吸，減輕伴隨恐懼而來的淺短且急促的呼吸。這樣會讓血液重新流向大腦，讓你能使用更高層次的決策能力。在感覺呼吸自然以前，**把身體的姿勢轉為展現自信的姿勢，挺起胸膛，抬起下巴，**留意做這個動作時的情緒轉變。

想像一下，在這種讓你因為被拒絕或看到別人憤怒而心生恐懼的情況下，為自己挺身而出並果斷說話時，**你的感覺如何？你可以從身體的哪個部位獲得力量或從中**

感受平靜？將這兩種意識結合在一起。

注意你的眼睛在你想像時望向哪裡，讓視線停留在那個區域的物體上。不要移動，注意腦海出現哪些圖像或身體感受到什麼，或者有意識地從左到右探索你的視野，**在最能感受身體力量的那一點停下來**。在這個區域找到一個固定點，無論離你近或遠都沒關係，讓目光停留在那裡，注意內心發生的事情。花點時間去感受。

當你準備好的時候，也許會更為平心靜氣或具有更大的勇氣。請閉上眼睛，等待片刻，深呼吸，緩慢呼吸，記下任何新的想法。

練習 3

探索讓你服從的事物

寫下你認為不能拒絕所以去做的三件行為。

結果如何？回想當時的情境，你有什麼感覺？想像一下你在這些情境中劃定了界線，而且事情又有正面的發展。

閱讀完本章以後，你已經接受了現實，知道自己發生的事情是真的，而且你也更加了解情緒操縱的模式和循環。你在探索的過程中不斷累積情緒，接下來該釋放它們。在第三個步驟中，我們要討論為什麼悲傷是必要的療癒過程。

3 Step 釋放悲傷的情緒

當你逐漸了解自己的遭遇，心情就會越來越沉痛；你可能會逃避、憂鬱或否認一切。然而，悲傷是不一樣的情緒；悲傷時會痛心，卻能釋放痛苦，走出陰霾。閱讀本章內容時，請對自己溫柔一點。

經歷悲傷後，才能真正往前走

當你認定自己被人操弄和受到情緒虐待，而且這種模式根深蒂固，難以改變，你可能會感到失落，可能會失去希望，不認為這段關係會有所改變，更不相信你會跟童話一樣，有個美好的結局。有人會決定和操縱者斷絕關係，但他們這樣就不會再來往了，而這段關係就算不健全，仍是很重要的。此外，與人斷絕關係以後，也會因為浪費了那段時光而感到痛苦。

人與人交往時，會慢慢養成依賴感，而放手的過程也是如此。與他人交往時，感情會越來越深厚，要讓這種感情消退，同樣也得花點時間。親密關係對人很重要，人一旦無法從人際關係去滿足需求、希望和期待時，必定會感到悲傷。

如果你沒有經歷悲傷來自我療癒，只是將這段痛苦的歷程硬生生切除，可能會喪失部分的自我，無法看清自己的人生，你也會失去了解自己的機會。你會因為結束這段關係而失落，繼續痛苦下去，無法因為承受壓力而獲得璀璨的人生鑽石。那種體悟十分珍貴，乃是反思生命、接受現實和結束悲傷後的人生成長。

如果你沒有經歷悲傷，內心可能會長久隱隱作痛，處在麻木和否認的最初階段。假使你沒有釋放悲傷，就很可能會長期憂鬱、自尊心低落和罹患疾病，也會影響你和別人的往來互動，你會越來越難放下這段關係而無法繼續向前邁進。

痛苦是必然的，人都無法逃避悲傷。除非我們坦然面對和釋放情緒，失去情誼的痛苦才不會一直影響我們。你的感受是真實的，不妨盡情釋放悲傷。

經歷失落的過程

當你接受現實，發現和你往來的人竟然在操弄你，可能會因此深深感到失落。這種失落感很真實，但它有別於生離死別。別人可能不知道你是因為失落而悲傷，你也通常不知道該如何才能安慰自己來撫平傷痛。但是，這種失落感會很強烈，可能改變你的內心世界，進而影響你的表徵。

悲傷的形式不盡相同，要看每個人的特質和哀痛失去了什麼。人悲傷時會經歷很多形式或階段，這些階段的順序大致雷同，而你在經歷失落的過程時，可以隨時回到前面的階段。

你還沒或剛開始讀這本書時，可能會經歷一段「否認」（denial）[12]的時期。現在你可能偶爾會去否定，偶爾會感到痲木，這都沒有關係，你只要發現問題就行，一切都是必經的過程。

12 譯註：美國精神病學家庫伯樂．羅斯（Kubler-Ross）提出了「悲傷五階段」，亦即否認、憤怒、討價還價、沮喪和接受。這五個階段不是線性的，人可能會瞬間經歷全部階段，或是不斷循環經歷。

當你不再否認現實而清楚看到問題時，強烈的痛苦可能會如潮水般，一陣一陣襲捲而來。你也許會感到罪惡或自我責備，在這個階段將感受到強烈的情緒衝擊。

到了下一個階段，你會感到「憤怒」（anger），憤怒會掩蓋痛苦，此時情緒會更加強烈。你正和情緒操縱者來往，憤怒是合理的，要讓自己去感受這股憤怒，傾聽它想傳達什麼。不要懼怕憤怒的火焰，讓它燒得更旺，可能會變成熊熊大火，但終將漸漸熄滅，成為悶燒的餘燼。

「討價還價」（bargaining）也是常見的悲傷情緒。當你感嘆結束一段不健康的關係時，經常一再嘗試去重修舊好，說「如果」你做了不一樣的事，或許就能改變結果。經歷絕望的痛苦和長期否認問題之後，你就會這樣做。

當你終於體認現實時，就會感到「沮喪」（depression），你會需要一段時間反思。你也可能感到孤單，尤其是情緒操縱者可能讓你孤立無援，不讓你跟其他人來往。

逐漸反省之後，就越來越能「接受」（acceptance）現實，然後感到平靜並擁抱希望。可以開始想像，如果沒有那段糟糕關係，生活會是如何，你將擁有新的機會。

複雜性悲傷

嬌丹離開馬可已經十一個月了。但她為什麼還走不出來呢？她很少離開房間，偶爾才去洗澡，而且睡得不多。她有時候會生氣，有時候會憂鬱，甚至曾想要自殺。

嬌丹終於發現與馬可交往不好。馬可以前經常帶她出遊和送花給她，但也會當著朋友的面罵她，有時候還會毆打她，但馬可卻說每對情侶不都是這樣，而且他也不是天天打她。當嬌丹試著要解決問題時，馬可卻否認自己以前曾打過她。嬌丹既無助又憤怒，但馬可說她在歇斯底里。她把氣往肚子裡吞，這樣的情況反覆發生。

嬌丹終於認清這種模式就是虐待時，就搬回家和母親一起住。嬌丹的母親告訴她，她年紀太大了，很難再找到對象，應該繼續和馬可在一起。嬌丹會一直連續看幾小時的電視，不停滑手機，閒逛社群媒體，只希望能壓抑情緒，不要感到痛苦。

她不時想念馬可。當她翻著兩人以前的合照時，看到帥氣的馬可依舊會喘不過氣來，但是嬌丹看見馬可在社群媒體貼出他和其他女孩的合照，她是既心碎又生氣。

她懷念有人愛的時光，但現在自己孤獨一人，感覺毫無價值。她問自己，以前和馬可在一起時，真的有這麼糟嗎？如果她不要那麼常生氣，事情會不會有所改變呢？

嬌丹經歷的就是複雜性悲傷（complicated grief）。她結束了這段感情，就是所謂的「悲傷剝奪」（disenfranchised grief），因為她不知道該如何去撫平悲傷來減少失落感。她被剝奪了情感而悲傷，越來越有可能陷入複雜的悲傷情緒。如果你受到情緒操縱，可能會依賴你失去的人，這樣就更容易陷入複雜性悲傷。假設你和情緒操縱者（好比父母）維繫了一段很久的關係，你可能會經歷複雜性悲傷。

所謂複雜性悲傷，就是人持續經歷難以忍受的痛苦，時間達到六個月以上，期間可能難以入眠、感到憤怒、生活無法自理、拒絕與人社交或不再從事休閒活動，這種人可能會持續幻想和操縱者重修舊好。與此同時，他們可能會感到孤單和空虛，當操縱者刻意孤立他們時，情況更是如此。

在最糟糕的情況下，複雜性悲傷可能會讓人意圖自殺或真的去自殺。如果你有這些念頭，請務必去看心理治療師或撥打生命熱線。你現在可能感到徬徨無助，但只要度過這段悲傷的日子，心情就會轉變，請堅持下去。

你可能會好奇，為什麼會深深懷念傷害自己那麼深的人？其實人與人的關係是很複雜的，在很糟的環境中，人對依附關係的需求也會隨之改變。你可能心胸寬大且懷有同情心，能從心靈殘缺的人身上看到他們的良善之處，你有這種特質確實很好，但不須犧牲自己的界線。**你可以證明壞蛋也有善良之處，甚至去愛他們，但不必讓自己成為被虐待的目標。**

人類天生就會彼此聯結，因此在極端的情境下也能萌生愛意與彼此信賴。斯德哥爾摩症候群（Stockholm syndrome）就是形容這種狀態：人們會依附侵略者，反而不信任可能幫助他們的人。這個症狀的名稱源自於一起瑞典的銀行搶案，當時人質被槍射中腿部，沒有致命，反而認為這是搶匪心地仁慈。其中一位人質更是在搶匪刑滿出獄後和他結婚。你可以理解人質為何要合理化虐待行為，那是因為搶匪虐待這些人質時，偶爾會關心他們。

探討了斯德哥爾摩症候群，又會讓你的複雜性悲傷顯得更為複雜。當你發現自己感受的情感是假的，有可能會感到羞愧、屈辱和哀傷。因此，當你在體會這些複雜多樣的情緒時，不妨對自己寬容一些。

為失去的光陰哀傷

悲傷剝奪和喪親之痛不同，因為就算你熬過破碎的關係而不再悲傷時，也會替流逝的光陰難過，可能會因為無法和別人發展更好的關係而哀痛，可能回顧過往，發現自己當年多麼努力，想要當個好孩子、好伴侶、好員工或好朋友，然後卻天崩地裂，一切都煙消雲散。或許你因為這樣而無法追尋個人目標或放棄遠大的前程，可能要忍受孤單，少了結交知心好友的機會。

你或許會第一次發現，父母在你年幼時並未善待你。如果你能在更好的環境中長大，現在或許會過得不一樣，想到這點，就不禁悲從中來。你可能感到難過，因為你聽信了太多謊言，誤以為自己糟透了。**然而你要去感受這份悲傷，然後慢慢學會溫柔地愛自己。**

你的確失落了東西，這些感受很合理，大可以去哀悼這些失落，追求更好的未來，好好善用後續的人生。但眼下這一刻，不妨盡情去感受悲傷。

原諒自己

你發現自己被人操縱情緒或與這些傢伙糾纏在一起以後，可能會責備自己。請不要自暴自棄，你已經嚐盡了痛苦。其實，你忍受了情感虐待，可能會因此學到如何去聆聽內心刺耳、批判的聲音。

要打破煤氣燈效應，就是要將不健全的關係從你的精神空間驅逐出去。不要讓它們佔據你的腦海，影響你的自我對話，你只需要被人善待和同情。

你不應該被人責備，無論你忽略、接受、原諒或沒看到什麼，也不管你是否做錯了什麼，或者做了或沒做多少反擊，被人操縱情緒，不是因為你犯了錯。人人都該被珍惜和保護，但凡有人想說謊和扭曲事實來控制或操弄你，他們都該遭受譴責。

你唯一要做的，就是坦蕩接受正在發生和已經發生的事情，去感受悲傷和釋放情緒，關心自己，向前邁進。

感受你的情緒

無論你感受如何，都是恰當的，你也可以好好感受；對自己要寬容，要體會自身的心情。你面對艱難的人際關係，並不一定要有怎樣的感覺才是對的。

你或許會感到五味雜陳，前一天憤憤不平，隔天卻悲痛萬分，難以自拔；有時憂鬱傷感，有時卻感到孤獨和懊悔；偶爾充滿希望，卻又會因為某件事而生氣。

你沒有被打倒，一切都是療癒的過程，褪去一層悲傷，就會顯露另一層傷疤。你可以留意刺激點，把它們寫下來，**要與憤怒共處，讓憤怒逐漸消融。找出你為什麼傷痛，容許自己去悲傷**；無論你感覺到什麼，都要深切感受它，這樣才能自我療癒。

找你信任的人談談，例如和治療師或朋友，跟他們訴說你的感受。讓他們知道你需要有人傾聽，不是要人給予批評或建議。當你知道自己不是一個人面對和承受悲傷，你就會好起來。

當你坐著經歷一陣子痛苦以後，請站起身來，放個音樂轉換心情，或換個房間待著，最好走出戶外。一旦你轉換環境，就可以甩掉先前處理情緒時衍生的想法。如果你去運動或創作，無論是慢跑、烘焙、打掃、畫畫或修東西，都可以充滿精力和轉換心情。只要你採取行動，就會發現痛苦並不是靜止不變。痛苦可以改變，你也可以轉換痛苦。

想療癒內心，得先容許自己悲傷

當你感到失落時，請重複下面的句子，在頭腦中建立正向的療癒神經通路。你會更加相信真相，逐漸擺脫悲傷的情緒，重拾自信。不妨坐著讀讀下面的句子，看哪個寫得讓你心有同感，你也可以寫下自己的語句。

- 我要療癒自己。
- 我的心破碎，但可以修復。
- 我坦然承受這份痛苦。
- 我承認自己失去了某些東西，不會再故作堅強。
- 我不會一直痛苦下去。
- 我要釋放痛苦，懷著美好的記憶向前邁進。

- 世界充滿愛，我是其中的一分子。
- 我並不孤單。

擺脫悲傷

瑞離開她的宗教團體已經一個多月。每當她提出疑問，教友總是說她信仰不夠堅定，讓她十分難受。她親眼看到和確實聽到不少教友信一套、做一套。教主擁抱她時，竟然摸了她的屁股，把她嚇壞了。她反映這點時，別人卻氣急敗壞，說她捏造事實，企圖毀謗教主，這讓她精神崩潰。

瑞感到心碎且無比孤單。她的知心好友不多，但他們也拿一些老掉牙的話來否定她。她離開那個團體，感到迷惘，不知道該信什麼，所以十分難過。當她看見別人遭受情緒操縱時，發現自己也曾長期被人精神虐待，當時卻習以為常。瑞想到這點，就感到很羞愧。她面對悲傷的情緒，寫下失落感、憤怒和寂寞，然後去禱告。

她敞開心胸去體驗五味雜陳的情緒以後，發現自己不再時常心情低落。她不確定還要不要加入別的宗教團體，但即使有這種想法，也不會感到厭煩了。幾個星期以來，瑞第一次充滿希望。

悲傷的過程人人不同，每個人的失落感都不一樣。如果你結束一段不良的關係，你可能會因為重新整理人生而悲傷。你若是認為自己沒有關愛你的母親，或者你在童年時不曾有過安全感，可能會經歷更私密但更深沉的悲傷。也許你感到悲傷，是因為你在職場上挺身反抗，不願被人操弄而丟了飯碗。你不僅感到前途茫茫，還對自己多年來受人操弄而深感失落。人若遭遇這些情境，都會感到不同的悲傷。

無論你落入哪個情境，都必須去感受痛苦，靠著勇氣和憐憫去度過一切。**我們只要正視內心的失落，悲傷就會逐漸淡化，若是忽視悲傷情緒，它反而會逐漸滋長。**在這個混亂的階段，該如何感受和面對，並沒有正確完美的方法，唯有刻意留意悲傷的情緒，並且包容和寬恕自己。

在瑞的案例中，當悲傷逐漸消逝，希望便油然而生。只要努力探究窮理，必能得到智慧，對自己、他人和這個世界有新的體會和理解。你可能會感受到一股寧靜的能量充滿全身，讓你意志堅定，向前邁進。這些事現在看似遙不可及，但沒有關係。你只需專注於當下，別急於成事，總有一天會到達到這一步的。

你悲傷時會如失根浮萍，無所依從和失去方向，當感到不安或痛苦，這種感覺尤其可怕。痛苦的過程人人不同，而要度過這段慘痛的歷程，沒有固定的法則，但接下來的練習可讓你更快自我療癒。

練習1

寫一封信

人悲傷時，經常會感到有所虧缺。你或許有很多話悶在心裡，但找不到人發洩情緒，或者覺得把話說出來很愚蠢。為了化解一層又一層的悲傷情緒，不妨去寫一封信。收信對象可能是操縱者、飛猴或你自己。要盡情釋放情緒，說出震驚、憤怒、討價還價、沮喪或接受現實之類的情緒。

你或許會想寫好幾封信，或者只寫一封信，以便和悲傷的情緒說再見。寫信的目的不是要最後一次與自己溝通，而是讓你表達從沒說出的想法。寫完之後，可以把信藏在筆記裡、用碎紙機絞碎，或者乾脆燒掉，以求一乾二淨。

練習2

做出調整

人悲傷時，往往得不停調整大大小小的情緒。如果要度過這個階段，拿起筆記，根據以下的提示，隨心所欲寫下你的想法。

- 內在調整：我逐漸認清情緒操縱時，現在認為自己是誰？

- 外在調整：我因為這段關係而失落悲傷時，想要改變什麼？

- 心靈調整：這段經驗如何改變我的想法，以及如何影響我對自己、他人和世界的理解？我能從中得到什麼感悟呢？

練習3 治癒悲傷的光束冥想法

這個冥想法參考眼動減敏與歷程更新療法（eye movement desensitization and reprocessing，簡稱EMDR）[13]中使用的光束，藉此讓人擺脫被操弄後的悲傷情緒。

（1）找個舒服的位子坐下來或躺下來。閉上眼睛，專注於呼吸。留意胸口的起伏和逐漸沉穩的呼吸節奏。慢慢吸氣，讓肺部充滿空氣，然後緩慢吐氣。

（2）當你準備好的時候，想想情緒操縱者的模樣。請注意內心引發的情緒，然後接受它們，不要去批判好壞，感受身體有沒有緊繃的部位。這些情緒躲在身體的哪個角落？專注於那個部位，刻意緩慢地深呼吸。

（3）想像你的頭頂漂浮著一團舒適柔和的光，看著光團流入頭部。讓光團繼續往下，流過手臂和指尖。注意到身體因積累悲傷或憤怒而僵硬的部位，光團會輕輕

13 譯注：由心理學家法蘭芯・夏琵珞（Francine Shapiro）發明，療程中治療師會請心理創傷者回憶受創事件，並同時對患者進行視覺或聽覺的雙側刺激，使患者眼睛進入類似睡眠快速動眼期的狀態，減少對創傷記憶的敏感程度。

包覆這些部位，讓它們溫暖起來。

（4）一直觀察著，看著僵硬的部位逐漸放鬆，不再緊繃。不要進行得太快，維持穩定的步調，溫和看待自己的情緒。你會發現這些緊繃的情緒會緩慢消退。

（5）看著你自己，你在這裡，你仍在呼吸，留意要忍住疼痛得花多大的力氣，看看你有多大的勇氣可面對悲傷。注意你的呼吸和緩緩起伏的胸膛，你還在這裡。你溫柔但堅強，你還在呼吸。

4 Step 聚焦於自己

一旦你擺脫悲傷，就能開始療癒內心。聚焦於自己不是自私行徑，而是要刻意治療長期被你忽視的事物。你很重要，所以你的心理健康也很重要。你想好起來，就必須經歷這個關鍵步驟。

從情緒虐待中自我療癒

情緒虐待會讓你一再受傷，傷勢逐漸加重，最終把你擊倒。操縱者會逐漸削弱你的理智，指控你無的放矢，讓你無立足之地。因此，療癒的過程也是一樣，要慢慢進行，你必須有點耐性。**假使情況沒有立即好轉，不要過於急躁或批評自己，多給**

自己一點時間。

要癒合內心的傷口，必須先面對它們。你會感到痛苦，但你必須先確實感受它，才能治療它。就像外科醫生要切開身體才能摘掉腫瘤，你必須找到傷痛的來源，才能深度自我療癒。

當病患剛結束療程，必須改變既有的生活方式，暫時「放鬆一下」。他們可能要重新練習如何使用受傷的部位，要減少活動和多多休息，請別人來照顧他們。復原是當下最重要的事，最終還得回歸正常生活。治癒情緒也是依循類似的步驟。

你逐漸擺脫悲傷，進入自我療癒時，就是開始找回自己。在你被人欺凌得精力憔悴以前，你是誰？如果你沒有被人一再批評和混淆視聽，現在會是如何？你放棄或失去了什麼現在想要找回來的東西？

有些人從有記憶以來便一直遭受情緒虐待，或許很難回想「以前」。如果你無法回想過去的經驗，可能需要更多的想像力。你內心受傷的那個孩童需要更多的同情和關愛，讓他們脫離深埋已久的壓力而成長茁壯。

你可以停下來，想想自己現在的狀態，留意你已經完成多少了。即使你的進展時好時壞，都要給自己慶賀並打氣加油。

療癒的過程中，暫時不要接觸新的人事物

當你進行自我療癒時，對自己溫柔一點，要關心和鼓勵自己。**暫時放下某些事情，婉拒參加新的計畫或投入新的事物，保留一點精力，專注於這件重要的事情。**花點時間自我省察，或許可以在行事曆空出時間來療癒內心。

想想看，有誰可以幫助你。有沒有值得信賴的親朋好友，可以給你空間，願意聽你傾訴內心話，不會操弄、看輕你、說教或妄下結論？如果你不斷遭受情緒操縱，你的世界可能變得很狹小，也會無法信賴他人。

此時，心理治療師就是你最好的夥伴，他們可以給你建議，幫助你面對和釋放情緒虐待造成的傷痛。你也可以和他們建立健全的關係，從中療癒內心。

自我慈悲——對自己寬容一點

科文快步走向自己的車子，認為自己是個白癡。他在咖啡廳時讚美了一位服務生，但對方卻露出不屑的表情，讓他腦袋一陣灼熱。科文心想，難怪他總是孤零零的。他看著車窗，反射的身影對他怒目而視，他停了下來。

科文念頭一轉，心想「不是這樣，我是個人，人都會犯錯。對方可能不是在針對我。」他深呼吸來撫平情緒，然後進到車裡。這樣譴責人的方式好像他愛控制人的哥哥。他受夠了，不想再讓哥哥操縱自己的人生。科文播放了自己最愛的音樂，搖下車窗，享受徐徐吹來的涼風，把剛才的一切拋在腦後。

自我慈悲是情緒治癒和內心成長的關鍵，當你覺察自己被人操縱情緒和所受到的傷害以後，便得面臨抉擇：**一是自我譴責，讓傷痛埋藏心中而持續痛苦，二是對自己溫柔和善待自己。**許多人不知道可以這樣做，「自我慈悲」也是一種選擇。

你可能聽說，人要接受批評才能進步，情緒操縱者會抓住這一點，合理化他們的殘暴行為，但尖酸刻薄的批判只會摧毀你而已。你不是要否認自己犯錯或失敗，而是寬待自己，原諒自己的過失，試著包容不完美的自己。這並非告訴自己不要全力以赴，而是要無條件寬容自己。

如果你毫無頭緒，不妨試試這個練習：把自己當成一個三歲小孩。想像你剛用手指畫出一幅亂七八糟但五彩繽紛且活潑可愛的作品。你很自豪，把它拿給老師或爸媽看。你會需要和想要他們給出怎樣的反應？如果你可以穿越時空回到過去，從小時候的自己手中接過那幅畫，你會跟他說什麼呢？

我想你一定會充滿溫柔，說些鼓勵的話，因為你知道還是孩童的自己做得很棒。那幅畫展現小孩子無所拘束的想像力，你會看見美麗的人心，全心接納年幼的自己。這就是自我慈悲的精神，你不會要求或期待自己做到完美，你會容忍自己犯錯，期待自己成長，但不會急於求成。

要從情緒操縱和虐待中療癒，就要對自己有耐心以及溫和善待自己，寬恕過往和現在所犯的錯誤。要知道自己並不完美，也不會變得完美，只要盡力而為就夠了。無論如何，你都是值得珍愛的人。

正面的自我對話

自我慈悲最大的阻礙就是負面的自我對話。不幸的是，我們很容易落入這樣的模式，尤其是當我們的思想已經被訓練成如此。要修正這類負面模式，必須建立一套新模式，刻意對自己說正面的話，避免出於習慣而自我批判。

• 別說「我總是把事情搞砸，什麼都做不好」，要說「我做錯了，但我會再試一次。我還在學習和成長」。
• 別說「沒有人愛我」，要說「不可能人人都愛我。我要接受自己的樣子。我值得被愛，我很有價值」。

切記，我們說得越多，就會越相信這些話。從現在開始，別再自我批判了。

努力療癒過去的傷痛

萊蒂西亞知道，遭到虐待不是自己的錯，但還是感到羞愧和自責。朋友便建議她去嘗試EMDR。

萊蒂西亞接受治療時，說自己感到羞愧，表示一切「都是她的錯」，感覺自己說話時好像縮成了一顆小球。當治療師帶領她來回轉動眼球，以此刺激她的左右腦時，萊蒂西亞感覺相關的記憶快速湧入思緒，羞愧感跟現在的施虐者和童年記憶都有關聯。萊蒂西亞追溯記憶，分享每組眼動時觀察到的現象，她發現情緒膨脹和消退，腸胃不再緊繃，身體也坐得更挺。她結束一輪治療以後，感到筋疲力竭，好像大哭了一場。

那天晚上，萊蒂西亞睡得很沉，她又夢見了虐待她的人，只是她在夢中鼓起勇氣，挺身反抗。下一個星期，她又進行了治療，發現自己不再自我責備。她已經準備好進行下一步了。

當你曾遭受情緒操縱和虐待，而且歷時已久，最好去看專門處理情緒創傷的治療師。你會在安全和封閉的環境接受治療，卸下背負已久的傷痛，治療師也會貼心為你保留空間，無條件支持你，不會妄加論斷。發明腦點療法（Brainspotting therapy）的大衛・格蘭德博士（Dr. David Grand）指出，這個現象為雙重協調（dual atunement）。治療師會著眼於治療的神經過程，同時會去熟悉和你之間的語言及非語言溝通互動的方式，以此建立容納痛苦情緒的空間。

你若想療癒內心，也可嘗試腦點療法。這種療法一方面利用專注的正念（mindfulness，又譯內觀或專注）[14]，讓你感受身體的哪個部位受情緒困擾，一方面要你盯著一個固定的點來處理和釋放過去的傷痛。這個視點是特別挑選出來的，可讓你可以深入腦部儲存特定記憶的位置，因此能夠完全激發與釋放記憶的能量。不同於EMDR轉動眼球的方式，腦點療法通常搭配雙邊音樂（bilateral music，這是特

14 譯注：強調以開放、接納和不批判的態度，藉此觀照自己的身心狀態。

別錄製的音樂，會在左右耳之間切換），讓人更能重新處理痛苦的記憶。當你探索內心去療癒時，細心的治療師會在你身旁，讓你感到安全，他們還會支持和鼓勵你。

無論EMDR或腦點療法，都是運用大腦的神經可塑性，**也就是善用大腦自我改變的機制，以此處理痛苦的記憶來進行更深層的療癒**。同時刺激大腦儲存記憶和相關情緒的部位，便可造成深遠和長久的改變。接受這種療法，確實能釋放大腦和身體裡有害的記憶所造成的影響，而非換個角度去迴避問題。當記憶被妥善處理後，惡夢、瞬間重歷其境（flashback）[15]和侵入性記憶（intrusive memory）[16]之類的創傷症狀就會消退。

如果創傷源自於與他人的互動，要深度療癒就更需要納入人際互動。此時，若有經驗豐富又善於傾聽的治療師在旁陪伴你，是非常有助於你療癒的。

15 譯注：受到創傷的人突然聽到聲音、看到畫面或回憶某件事，彷彿重回遭受創傷的現場。

16 譯注：受到創傷的人無法控制記憶侵擾，不由自主重複感受創傷經驗。

切記，你不能「矯正」虐待者

你聚焦於自己來療癒時或許會想，「為什麼」不是情緒操縱者要接受治療呢？你可能會回到悲傷的討價還價階段，開始幻想他們也在療癒內心和改變思想，從此改頭換面。你可能會想把自己想法告訴操縱者，希望改變他們，讓你的家庭、朋友或職場成為你想要的模樣。或許你只是跟這些傢伙說他們如何操縱你，就可以改變這些傢伙。

你不可能矯正虐待者，你能療癒的只有自己。人都能改變，虐待者也不例外，但前提是他們願意改變；虐待型和自戀型操縱者缺乏勇氣，根本無法洗心革面。

你能做和必須做的，就只有聚焦於自己，讓自己更快復原，你要撫平操縱者對你造成的創痛和傷疤。如果你還得和他們相處，要相信自己成長後足以改變你們之間的權力關係，但一切還是要以你的身心健康為重。

了解自己的需求和喜好

如果你長期遭受外人控制，可能會忘記自我，不記得自己的喜好、渴望和需求。即使你的需求被操縱者踐踏和忽略，但它們永遠存在。

你有需求和渴望，這並沒有錯，正因為如此，你才是人，而人有渴望，才會追求美好！你要了解自己想要什麼，然後去追求。

當你不太了解自己時，先去留意自身的感受。不妨閉上眼睛，從頭到腳慢慢去體會，看看有沒有感覺緊張或緊繃的部位。一旦你發現有感覺的部位，停下來，把注意力放在上頭。記住這種感覺，試著去理解它想告訴你什麼，你會立即感到某些深層的訊息浮現出來。

你的肩膀聳起，代表你要放鬆肩膀、把姿勢擺正或動動脖子，肩膀僵硬也可能是焦慮或有防衛心的警訊。當你留意到這些連結，可以循著線索繼續觀察。檢視完全身以後，也可能什麼感覺都沒有，這也沒關係，只要抱持溫和開放的態度且心存好奇，知道自己什麼都沒有發覺即可。

無論你的需求是什麼，要敞開心胸，用溫和的態度去接受它，「有需求」並沒有錯，不必感到羞愧。你理當滿足自己的需求，而且無法滿足需求時，要以悲憫的態度看待自己。

你也可以追求自己的喜好。假使你被人控制了很久，可能很少去嘗試新事物，也可能不再喜歡自己原本喜歡的東西。現在正好可以去探索新的事物，不妨品嚐美食、學肚皮舞、留鬍子、穿著軍靴或迷你裙，甚至兩樣一起穿！把世俗常規拋在腦後，想想做哪些事才能讓你「活出自己」。

當你不再需要取悅操縱者，不讓他們給你帶來困惑，就能建立自己的空間。當你了解、尊重和熱愛自己，就可以全心待人，充滿自信地過活。

熱愛自己

如果你長期和自戀型操縱者在一起，熱愛自己的想法可能會讓你退縮。我們必須區分這兩者——自戀是缺乏安全感，喜歡出風頭、吸引他人注意和自我陶醉；熱愛自己則是以自我為中心，通常是自信十足的。這無關內向或外向，而是牽涉自信和自我慈悲。

自戀的人會說自己最重要，熱愛自己的人則會說自己也很重要。當你找到自我價值而踏實感到安穩，就更能去愛別人。你會發現自己的愛無窮無盡，不是像傳聞中自戀的人所展現的那樣，感覺重視別人就是貶低自己。

當你對自己慈悲，便能熱愛自己。**你不會假裝自己完美無缺，而是全然接受自己，你就是美麗的馬賽克拼圖，雖然破碎了，但千變萬化，光彩耀人。**你越是寬待自己，自然越能如此對待別人。當你犯錯時，你會原諒自己，不再嚴厲譴責自己，而是用溫暖的話語安慰自己。要刻意去愛自己，然後漸漸習慣如此。

自我照顧

聚焦於自己，才能照顧好自己。自我照顧就是要體察自己的需求，著手去改善身心健康。

自我照顧非常重要，如此才能活得盡興和充滿自信，也才能充滿愛意去關懷別人。俗話說得好，空杯子是倒不出水的。**自我照顧就是先裝滿自己的杯子，等到杯子滿溢，就有能力去關懷別人。**

有些人常將自我照顧和自我放縱混為一談，但這兩者並不相同。自我照顧會讓人更幸福安康，自我放縱只是滿足一時的欲望，結果或許無傷大雅，但也可能導致長期的不良後果。

自我照顧也許很簡單，好比喝足夠的水，也可能很複雜，例如養成運動習慣。自我照顧也可能很溫和，例如需要休息的時候，就早點去睡覺，或者請一天假，到郊外走走。

然而，如果過於頻繁去舒緩身心，而且刻意逃避應做的工作，讓自己承受心理負擔或財務壓力，那就成了自我放縱。自我照顧如同和好友促膝長談，自我放縱則是閒聊無用的八卦。如果你會照顧自己，餓的時候就會吃喜愛的健康食物；如果你自我放縱，就會猛吃一大桶冰淇淋。

自我照顧就是落實「你是值得珍惜的」這一點，無需等待別人給予關愛，現在就可以用各種方式去疼愛自己。當你閱讀本書，投入時間去自我療癒與學習成長，就是在照顧自己。

因為你愛自己，才會自我照顧，而照顧了自己，對自己的愛也會加深，這就跟你照顧別人一樣。如果你在照顧孩子或你深愛的人，你會讓他們吃得營養、吃得飽，也會讓他們作息規律，睡眠充足，活動身體以及讓他們與人社交往來。在他們難過和受傷的時候，你會付出關心，而當他們成功的時候，你會替他們祝賀。你也要像這樣去照顧自己。

自我照顧也是嶄新的態度，它在顛覆世俗或操縱者給你的壓力，讓你知道不需要改變就能讓人注意或關愛。當你活出生命的價值，就拆穿了他們的謊言，不再認為必須苦苦追求才能得到關懷善意。當你靜靜反抗，便已經衝破情緒操縱者設下的障礙。

看重自己

如果你自尊心低落，可能會認為不需要也不值得照顧自己。如果你閱讀先前段落時發現內心在抗拒，你可能需要療癒受傷的心靈，消除對自我價值的質疑。情緒操縱者經常會貶低你，讓你沒有自尊，因為你越沒有安全感，他們就越能操縱和控制你。難怪有不少持續遭受情緒操縱的人，他們的自尊心也受到了傷害。

要恢復自尊心，才能不受人擺弄，奪回你的人生。**花點時間自我反思。你如何看**

待自己？你要誠實回答。當看著鏡子或想像自己走向人群時，你在心裡如何描述自己？

如果你看見一堆自己的缺陷，試著在自我對話時加上「雖然」兩個字，例如：「雖然我討厭我的痘痘／皺紋／體態／身型／身體的某個部位，我全然接受自己的模樣。」或者說：「雖然我希望學歷好一些／做的工作更有趣一點，但我或我的價值並不是靠學歷或工作來決定。」這種認知重新框架（cognitive reframing）不會一下子改變你的感覺，但你用新的方式自我對話，可以重新訓練大腦，建構新的神經通路，不再自我怨懟，更能自重自愛。

如果你因為被人操弄而受到創傷，要改變內心的想法可能不只是要重新訓練認知。**當自尊心低落牽涉特定的痛苦記憶時，可能必須在更深層的地方重新處理這些記憶。**這沒什麼好羞愧的，你要發現自己是否停滯不前，這樣才能知道該何時去看治療師。這些專業人士能運用基於大腦的創傷治療法，幫助你跨越障礙，化解痛苦。

建立自信

建立自信和替自己塑造強力的形象，就能提升自尊心。你建立自信心時，會更容易發現是否有人在操縱你的情緒，也更能勇敢挺身對抗。你會獲得對抗情緒操縱的力量，相信並堅持自己看見的真相，也會為了自己而設定和對方互動的界線。

要建立自信心，方法有千百種，運動尤其有效。你可以參加舞蹈班、學習武術或練瑜珈。持續運動可讓你展現自我，盡情生活，讓你知道成長是不斷進步的過程，犯錯是可以被接受的，你只需要和自己比較。當你學會更多技能後，就會更有自信，先在訓練室累積自信，然後在生活中展現自信。

如果不想從事運動，還有其他的方法。參加Toastmaster[17]之類的團體，可讓你在相互扶持的群體環境磨練演講技巧來建立信心。音樂也能讓你表達自我、修身養性和建立自信，不妨去學習彈奏樂器、參加合唱團或報名聲樂課程。

即使改變再微小，也能讓你改變對人生和自我價值的看法。試著將「我不行」、

17 譯注：國際演講協會，分會遍布全球，提供培訓與實地演練的機會，訓練成員演講與溝通技巧。

「我會失敗」的自我對話改成「我辦得到」、「我最好的那一面已經夠好了」、「我還在學習和成長，這沒有關係」。注意你的姿態，要把肩膀向後，挺起胸膛，抬起下巴、舒緩緊繃的眼圈、嘴巴和額頭。現在就試試看，留意你的情緒如何改變，我們的身體和心靈是緊密結合的。

相信自己

你若是長期焦慮和自我懷疑，可能很難相信自己或再次感到安全。你的神經系統已經習慣處於緊張和高度警戒的狀態，隨時保持警覺來保護你。這樣一來，你可能會失眠、肌肉緊繃、時常憂慮、心跳加快和呼吸急促。有些人的神經系統則會疲憊不堪，讓他們失去活力，與自身的直覺脫節，最後得到抑鬱症。

你必須重新管理自己的情緒，讓情緒從過高或過低的狀態重回正常範圍。精神科醫師丹尼爾．席格在他的著作《人際關係與大腦的奧秘》（*The Developing Mind*）中將這個範圍稱為「容納之窗」（**Window of Tolerance**）。容納之窗是適度合宜的範圍，你只要處在這個範圍，便可運用內在智慧和直覺。你可以容忍警示訊息和悲傷情緒而不會過度悲傷，也能傾聽自己的感受而與其應對。如果你缺乏安全感，可以透過EMDR或腦點療法等手段來處理以前留下相關觸發點。這些可能必要的手段，讓你可達成目標，重獲自由。

從事溫和的運動，也能讓你更加信任自己。根據貝塞爾．范德寇醫生（**Dr. Bessel van der Kolk**）的創傷研究中心（Trauma Center）所做的研究，瑜珈可以長期穩定神經系統，也有助於加強內感受（**interoception**，身體內部的感覺）。內感受越靈敏，就越能接收身體傳達的細微感受。你只要相信自己，就能重拾安全感。

另一個重建信任的方式是注意自己的想法。將你的想法、感受和觀察記錄下來，寫完之後，用不同顏色的筆去分別標註「我的感受」、「我的想法」和「我所知道的」。標記時要有自信，也要有主見，因為你知道這些都是真的。你可以相信自己，根據直覺去探索自己的想法和觸及自己的恐懼，用謙虛的態度輕鬆看待這些想法和感受，不要立刻否定它們。你的直覺可能比你想的更聰明。

如果你得不斷接觸操縱者，或覺得有人在操縱你，無論你和他們是很親密或保持一段距離，你都可以找目擊者來見證，或記錄他們的行徑（甚至當著他們面這麼做）當作證據，日後再來梳理。這樣一來，你便能劃定界線，不讓對方欺騙和操弄你，也能重拾對自己觀察結果的信心。

一旦操縱者否認他們說過的話，你就拿出筆記或詢問目擊者來對比，從而建立對自己的信任，也能從操縱者手中奪回主導權。

時時自我檢視

你已經學會很多方法來增加自我意識（self-awareness）、自信心和自我知識（self-knowledge）。要經常回過頭自我檢視，把它養成習慣，不是只做書上的練習。**停下腳步，檢視身體，每天關注自己的情緒，一天做好幾次都沒關係**。你可以在一天剛開始或結束時自我檢視，也可以在固定的時間去做。如果你發現自己焦躁不安，就要停下來，向內心探索，看看發生了什麼事。

只要注意自己的感覺，然後用慈悲的態度去全心接受它。看看這些情緒會讓你做出怎樣的行為、給你怎樣的限制或如何照顧自己。注意你是處於「容納之窗」的什麼地方，想想接下來需要或想要採取什麼步驟，你才能重回正常狀態。你要知道，自己是有價值的。

堅持不懈

閱讀本章時，你可能會發現每一件事都息息相關：慈悲同情、自我知識、關愛自己、自我照顧、自尊心、自信心和相信自己等等，這些都是相互依賴、彼此促成。**療癒和成長是一段過程，無法一蹴而成**，但你可以寬恕自己，給自己耐心，以此深入療癒。這樣做可能很困難，甚至感覺很傻，但你會發現心中的負面聲音逐漸沉寂。給自己一點時間、空間和同情心，讓你成長療癒和變得更堅強。

當你進行這些步驟或不時重讀本章，你都會發現自己有些微的改變。當閱讀以前的筆記，可能會發現自己不知不覺便有所改變了。你正在釋放傷痛，逐漸療癒自己，正在邁向自由。

接下來的練習可讓你進行這個步驟時加強療癒效果，用心慢慢做每一個練習，必要時也可回過頭來重新練習。

練習1
平靜的地方

ＥＭＤＲ會使用這個方法。當你覺得快要被壓垮時，這個方法可以讓你撫平情緒，重回平衡狀態。

首先，幻想一個讓你心平氣和的地方。可能是你造訪過的地方，也可能是想像的空間。想像你獨自一人，待在那個安靜祥和的地方。

找出你在那個場景的位置。身邊有什麼？場景是什麼顏色？你是坐著、站著還是躺著？所在的地表摸起來如何？想像溫暖的沙子、清涼的草地或石頭、木頭和椅子的堅硬觸感。你聞到什麼？空氣的鹹味或松樹的木香？聽到什麼聲音？太陽照在身上和微風輕輕吹過的感覺如何？或者你是待在室內，身上包裹柔軟舒適的毯子？

當你沉浸在那個場景時，留意身體的變化。呼吸改變了嗎？肌肉放鬆了嗎？姿勢改變了嗎？注意你的感覺。

輕輕閉上眼睛，只要覺得舒服自在，就一直待在這裡。沉浸於你需要的環境。當你放鬆完畢，就繼續過日常生活。有需要的時候，隨時都能回到那個平靜的地方。

練習2 修正負面的自我對話

要停止自我批判，就必須多了解與其相反的正面話語。花點時間想想，要如何利用表達事實和具有力量的話語來對抗這些負面想法。

負面想法。我告訴自己：	取代負面話語的事實陳述：
我什麼都做不好。	我不是每件事都能做到完美，但我擅長某些事情，而且我還在學習。

在提示卡或便條紙上寫下取代負面話語的事實，將它們放在你能經常看到的地方。不斷複誦它們，直到你能自然而然說出這些話！

練習3 自我照顧的方法

在下面的空格中，至少填入一種自我照顧的方法。

身體	情緒
社交	**心靈**

在這個平靜安穩的階段，你已經開始了很重要的步驟。先學會愛自己，才能和別人建立健全滿足的關係。你已經建立自我意識和自信心，現在要思考如何劃出健全的互動界線，讓你能夠照顧自己。

5 Step 設定安全的界線

你已經給了自己時間、空間和關心，來提高自我意識、自尊和自信，奠定了這些基礎後，可以進行設定安全界線的重要步驟，留意自己對這個步驟感受到的任何內心抗拒。回想一下你對真實自己的所學所知：你很重要，必須照顧自己；別人應該看見、善意和尊重你。讓我們探索如何在你的周圍營造可以促進這種與人互動的空間。

用語言和行為，設定人際界線

界線是保護身心而採取的具體行動，你可以透過語言和行為來傳達和強化界線，但通常要同時採取這兩種行動。你可以說：「很高興能跟你講電話，但晚上九點以後我沒有空。」告訴對方以後，超過晚上九點就關掉手機或不接電話和看簡訊，讓人知道你的決心。

設定界線對於維繫健全的人際關係非常重要，這樣才能維持精神、照顧自己，以及在和他人碰面時，不會礙於別人的過分要求而進退失據。沒有了界線，人與人互動時就會相互糾纏、彼此依賴，甚至於相互虐待。

設定界線需要花時間和下定決心，隨著你提升了自我意識，便會逐漸了解自己必須設定界線。你可能礙於某些行為模式而感到身心匱乏、精疲力竭和不知所措，而設定界線就會和這些行為模式有所衝突。要以新的互動方式和別人相處，就像駕駛一艘大船：你下了功夫，但對方要認可、理解和尊重你的想法，這得花上一點時間。你必須持續不懈，記住自己的價值、重視自己的需求，不斷和對方溝通，行動也要一致。

界線和情緒操縱

情緒操縱者不喜歡別人設定界線。你劃定了界線，就能保護自己，不讓這些傢伙得逞。虐待型操縱者喜歡玩弄你，但你有了界線，他們就更難對你上下其手。自戀型操縱者打造了一個以他們為中心的現實，只要設定界線，就能在這個世界營造屬於你自己的空間，不讓這些人把你喚回他們的自戀空間，對你予取予求。有了界線，就不會受人操縱。

設定界線不僅可讓你在眼下和未來與人互動時保護自己，還能讓你騰出空間，滿足自己的需求和願望。情緒操縱者會鎖定他們認為個性軟弱或容易被操縱的人，你只要知道自己的價值，展現出自信，這些操縱者一看，才懶得和你打交道。

設定界線，告訴操縱者你只會在有第三者的情況下和他們交談。這樣做就能保護自己、驗證事實，以及中斷讓你難以忍受的惡性循環。第三者後來可以幫助你面對操縱者陰險的計謀，同時確認你感受到的現實。你也可以訂下標準，要做筆記、記錄對話或堅持只和對方書面溝通。

如果操縱者和你來往了一段時間，你一旦設定了界線，打算和他們保持一段距離，這些人應該會抵制你。他們就是要控制你來滿足自己的需求，而你劃定了界線，他們就無法得逞。他們可能會使用比我們討論過的手段更厲害的方法來操弄你，但既然知道他們有哪些技倆，就能做好萬全準備。如此一來，操縱者會感到憤怒、百般求你回到他們的懷抱、如鬼影般不斷騷擾你，以及刻意不和你聯繫。你要知道，這些傢伙正在盤算如何打破你的界線，好重新控制你。

設定界線並不是自私！

很多人認為設定界線很困難，通常會把它想成是拒人於千里之外、自私自利或缺乏愛心。有人從小就被灌輸要關心父母，被要求去照顧父母，而不是父母要照顧他們。對這些人來說，設定界線就是叛逆，不是「好孩子」該做的事。你可能生長在一個糾纏不清的家庭，幾乎不知道你和父母之間該保持多少距離，你也無法自由成長，不被允許去追求自主和獨立。許多人在專制家庭中長大，老是被人灌輸「你不能對我說不」，於是有了這種根深蒂固的觀念。一旦說「不」就等於「壞」，你還沒設定界線，界線就被壓垮了。

你經常會在許多場合接收到這種壓迫人的訊息。朋友、夥伴、信仰機構或老闆都可能想控制你，侵犯你的界線，要你付出更多，超越了能容忍的界線。

他們可能會使用話術來操縱你，灌輸你什麼是關愛、服務、敬拜和適當的行為，讓你搞不清楚該如何設定界線，以便和別人往來時保持適當的距離。這些情緒操縱者經常讓我們感到內疚，從而誘捕和圈住我們。

如果要了解界線的意義，就必須檢視你對無私和自私所抱持的價值觀和信念。假使你感到羞愧，誤以為滿足自己的需要是自私的，或者你的需要根本無關緊要，你就會認為設定界線很難。尤其是對許多女性而言，這個社會灌輸她們一種錯誤觀念，讓她們誤以為好女人就得毫無保留，完全奉獻自己。如果根據你的經驗，愛是和條件糾纏在一起，說「不」會讓你擔心，害怕會傷了你和對方的情誼。然而，你要知道健全的人際關係不是仰賴交易，你可以設定界線，但仍然能被對方重視或關愛。

維護人際關係的必備條件

設定界線可以告訴別人「我們是誰」，以及「我們需要什麼」。**心理健全的人不會想佔你的便宜，但他們可能會誤以為你不想違逆別人，認為一切都很正常。**例如，如果你總是逆來順受，老闆交代什麼，你都照單全收，即使承受不了也不提出異議，他們鐵定會認為你做事很有效率，能夠處理和承擔任何事情。如果你老是同意去照顧侄子，你的姐姐怎麼會知道你會因為這樣而忙到筋疲力盡呢？假使你不跟對方說清楚，兩人便會心生怨恨，傷了原本不錯的情誼。**指出自己的界線，不但是尊重別人，也是在尊重自己。**

情緒操縱者一遇到別人設下的界線，就會去抵抗。你可以據此來檢驗你和他們的關係是否正常。這種人若是反抗你，你不能因此而退縮。如果你不斷遷就對方，不去表達自己的需求，讓他們虐待你，你就會筋疲力盡、情緒低落並且自尊心受損，別人應該要善待你的。

良好的人際關係是要彼此給予和相互接受，如果只有一方費盡心思去滿足另一方，就表示兩人之間沒有保持良好的距離，多付出的那一方要設定界線。

界線不必太嚴苛，如果你和心理健全的人來往，可以設定能夠滲透的界線。假使你劃定的界線是一堵牆，你可以加一扇門，把鑰匙交給你認定會尊重你的界線和足以信賴的人。

例如，你可能會挪出禮拜六早上，當作「我的時間」，用來讀書、鍛練身體或做其他讓你振奮的事情。你也許會有一些知心好友，如果他們在那個時段需要你，你可以為他們調整這條界線，因為你知道他們不會佔你便宜。「設定界線」這件事，並不表示要把別人拒之門外。

從頭開始

也許你已經認為設定界線很好，卻不知道從哪裡開始，讓我們來看看該如何設定新的界線。劃定這些界線，就要符合你的需求、配合你的生活環境和人際關係。帶著好奇心去仔細思考下面的章節，讓你知道自己可能需要設定哪些界線。

在職場和家庭，如何設定安全界線

讓我們看一些具體的例子，了解如何在現實生活中設定界線。

馬里奧和羅莎老是吵架。馬里奧一回到家，羅莎就立刻罵他。馬里奧先是握緊拳頭，然後又鬆開拳頭，深深吸了一口氣，說道：「羅莎，我不想跟妳在孩子面前吵架。我們待會再說。」然而，羅莎還是繼續罵他；馬里奧瞥了一眼孩子，看見他們睜大著眼睛。他態度堅定，說道：「羅莎，我們待會再談。我先去洗澡。」他親了親兒子的額頭，摸了摸女兒的頭髮，然後走進浴室，把門鎖上。

艾莎和媽媽講完電話以後，氣得渾身發抖。她盯著窗外，看了幾分鐘，然後給妹妹發了簡訊。「艾伯妮，妳要是生我的氣，就直接跟我說，不要跟媽媽訴苦。我愛妳，我希望我們兩個有話就直說。」

艾哈邁德發現同事貝拉很愛操弄人，他知道自己若想繼續做這份他喜歡的工作，就必須有所改變。艾哈邁德說道：「貝拉，你告訴我的東西和你向老闆報告的內容常常不一樣，把我搞得有點糊塗。以後若是沒有其他的團隊成員在場，我不會和你一起討論計畫的數據和資料。我也會做筆記，免得我記錯了。」

想想看，你是不是常常委屈自己？

要知道自己的需求，才能設定有效的界線。你的需求很重要，要維護你的需求，你是最佳人選。如果想要讀書、陪伴家人、睡個好覺、感到安心、不想聽到牽扯種族主義或歧視殘障人士的笑話，或者要保姆辭職前提前通知你，**唯一辦法是口頭說出你的界線，然後透過行動貫徹到底**。無論是祈求、抱怨和怨恨，都達不到你的要求。

你和別人正常來往時，大家的需求都能彼此共存。你不會要求對方滿足你的所有需求，也不會不顧自己的需求，只是為了滿足對方。你不會為了讓別人接納或喜愛，就委屈求全。

了解自己的感受

當你回應情緒操縱者的要求、請求和需要，或者他們讓你內疚、操弄你的時候，你有什麼感受？如果不順從他們，做他們要求的事，你有什麼感覺？你會害怕他們的反應，還是害怕他們不跟你親近？

你的感受很重要。我們確實會為了親密的人而犧牲，但如果對方一直要你犧牲，讓你精疲力竭和心生怨恨，這樣就有失公平。**想像一下，假使你不必做別人要求你做的事，你會感到些許自由，這表示你目前和對方來往時沒有設定界線。**

要定期注意自己的感受，它們告訴你什麼？你要傾聽自己的感覺。

什麼樣的互動模式讓你感到舒服

暫時別想對方會如何反應，先幻想你處在一個世界，你可完全自行決定如何與別人來往和互動。

想一想，你最喜歡哪種交流的模式、頻率和時間？希望別人如何與你說話和討論你、透露你的秘密、向你提出話題、一起相處、彼此分開、肢體碰觸或做愛（如果可以的話），以及彼此給予私人空間。如果你和情緒操縱者來往，我可以肯定，你會對前面提到的某些互動方式感到不舒服。

不妨放縱一下，不要自我審查，想像一下你和別人來往時能夠在這些層面滿足自己的喜好。沒有所謂的標準答案，因為界線源於自我知識，並且和個性一樣，獨一無二，各有各的不同。看你是內向或外向，設定的界線會不同，但這樣並不能決定你是否需要設定界線。設定的界線是牢固不可改變或具有可塑性，要看你是個有條不紊或自由奔放的人。然而，每個人都得表明自己的需求，別人也必須加以尊重。

允許自己設定界線

當你讀到並思考上面的問題時，可能會更進一步了解和人來往時需要在哪裡設定或強化界線。你甚至知道這些界線可能是什麼樣子、知道自己該說什麼，或者如何透過行動來鞏固這些界線，關鍵的下一步是「允許自己設定界線」。

花點時間想想，你會礙於哪些恐懼或焦慮而裹足不前？如果你說出自己需要的界線，恐怕要付出多少代價？你有多麼願意去付出這個代價？你因為沒有設定或強化界線，已經付出了多少代價？

設定界線就是照顧自己，你知道應該要劃定界線來保護自己的身心健康，不讓別人能夠操弄你，你要允許自己去保護自己。

何謂太多或太快？

當你和別人來往時，務必注意你們情誼進展的速度。情緒操縱者通常會熱情洋溢，說好聽的話來奉承你，好讓你們的關係迅速升溫。如果你和別人約會時，對方太早對你表達愛意、強迫和你有親密的肢體接觸，或太早和你一起規劃未來，你都要特別留心。假使你剛認識某個人，對方很快就說你永遠是他最好的朋友，而且很快就每天或整天狂發簡訊給你，這時就要提高警覺。如果你參加了某些團體，即使你還沒有任何表現或功勞，他們就要你承擔責任或擔任領導者，譬如教會會讓新成員教幼兒班的學生，此時你就得小心應付。

想一想，什麼會讓你感覺舒適和合適。雖然別人滔滔不絕，說他們欽佩你，你或許能夠提升自尊心，但有時候這些行徑是在發出警告，表示你需要設定界線，否則你可能會被壓得喘不過氣來以及受到別人控制。你和別人正常往來時，會有時間去反思自己和這個人（或機構）的過去經歷，讓自己的直覺引導你往前邁進或轉身離開。

自我意識和界線

你要設定牢固的界線，來保護從強烈的自我意識所衍生的重要價值觀，但某些界線可能會比較不牢固。你要了解自己不斷改變的需求，知道自己的體力和精神到底如何，允許自己去表達需求，根據情況去設定臨時的界線。你可能要根據一般的原則去設定界線，例如：「我只要筋疲力盡，就不會逞強去看望公婆。」在現實生活裡，你要不時檢視內心想法，態度超然，不責備任何一方，以充滿自信的方式說出：「對不起，我今晚不能和你一起吃晚飯。改下週吧！」

自信，就是了解自己的價值

你要展現自信，才能設定界線，你會因為自己「不是這種人」而想要跳過其餘的章節。展現自信是一種技能，是可以培養的。**要自信說出想法，必須先有穩固的自我意識，了解自己的價值，知道自己有發言的權利。**

自信並非侵犯他人，這是被動（你感覺需要被視為「好人」而沒有設定界線）和侵犯（你想要我行我素，根本無視他人的界線和權利）之間的甜蜜點，意味著意志堅定和具有信心、能夠冷靜說出你需要或想要的東西。

你可以透過不同的溝通方式去展現自信，沒有標準做法，但你確實需要有自我意識、直接表達想法，以及和真正的自我溝通。如果你不斷受到情緒虐待和操縱，或者成長時自信心低落且越來越懷疑自己，要展現自信可能會很困難。

如果你長期被人操弄，權利也經常受到侵犯，只要想到要設定新的界線，你就會感到畏懼。如果是這樣，不妨挑後果會比較輕微的情況，然後努力去達成。例如，當你去餐廳吃飯，如果上的餐點不對，你要很客氣地向店家反應，並要求更換餐點，從中訓練自己展現自信，不要逆來順受，安靜吃完你不喜歡的餐點或者乾脆不吃而挨餓。**注意這種行為會帶來何種焦慮，你要讓自己放心，告訴自己要捍衛權利，以便克服這種不舒服的心態。**

假使你的朋友看到你在忙、卻還要你跟他一起出去玩，你就要以自信的態度和他設定界線。與其犧牲睡眠去抽出時間，不如試著說：「我很想和你一起玩，但我今晚沒空，可以約下週末嗎？」你在這些低風險的情況下不生氣、不退縮，便能從中逐漸累積信心，而且你也會發現你原先害怕的反應往往不會成為現實，這時就可以在更難應付的情境中運用你累積的自信。

不要背負他人的失望

在設定界線時，最怕對方反應過度，你可能會因為拒絕他人而內疚，因為你不想讓任何人失望。你可能擔心他們不會再愛你、尊重你、讓你晉升職位，或者和你斷絕來往，你可能會認為對方會生氣。

最重要的是記住一點：別人感到如何，跟你沒有關係。你很有愛心，當你設定界線時，可能很難接受別人會因此失望或傷害。但是你可以維持界線，然後去體諒他們為何會失望，**不必幫他們擺脫失望的感受，也不必為了減輕他們的失落感而勉強自己。**

當別人以受害者的心態做出反應或憤怒抨擊你，他們就是表現出自己缺乏適當的界線。你唯一要做的，就是心懷善意、同情對方和展現堅定的意志，以此表明自己的需求並堅持下去。

你最了解自己的情況，安撫對方絕不是你該做的事。如果你知道或直覺認為，一旦拒絕對方或設定界線，對方有可能施以暴力，首先要確保自己的人身安全，也要和對方保持距離。

設定界線並不是和對方談判，設定界線時，可能需要直接下定論，不要先設定條件。你要持續以行動來鞏固界線，不是只有言詞／行動，而是要做出三連環的動作：行動／言詞／行動。例如，果斷的界線可能是這樣：「我不喜歡你提到我的體重。如果你繼續挖苦我，我就要掛電話。」如果是危及人身安全的情況，界線可能是：「我決定離開你。我會待在安全的地方，不會回到你身邊。如果你想來找我，我就會去報警。」

漸入佳境

確定該在哪裡設定界線是很有用的，首先要找出界線的模樣，很困難、但是非常重要。這只是剛開始而已，情緒操縱者會挑戰你，試圖破壞你設定的安全界線。

你所做的努力都會在此受到測試，其價值會顯現出來，此時你得站穩腳步。**你必須表達每個界線，並以行動作為後盾；要重複指出自己的界線，而且要按照你的話去做**。如果你說過，要是對方再辱罵你，就不再跟他們說話，你要說到做到。如果發現自己無法整個週末都在工作，就不要在週末工作。你設的界線很好，應該要受到它們的保護。

情況會漸入佳境，對方起初可能會反抗，但他們只要看到你言行一致，就不會再對你施壓。你會越來越有自信，知道自己的權利，也能夠表達自己的界線，開始享受保護自己身心空間所帶來的好處。如此一來，你會越來越能去抵抗內心的壓力，不會信心崩潰。

鞏固你的界線將可重塑你的生活，通常會帶來良好且正面的效果。你可能會發現自己會和只想利用或虐待你的人保持更遠的距離，甚至和他們斷絕關係，而這可能會讓你重回悲傷的階段。然而，即使發生這種轉變，你也可能會因為設定了界線而散發自信，進而吸引別人進入你的生活。當你活出自己的價值，你就會有更強的自尊心。

或許當你完成這個步驟時，你就會有所了解情緒操縱者如何侵犯你或不尊重你的個人空間。下面的練習將濃縮這些概念的重點，將它們化為可以操作的步驟，讓你分析、準備和設定界線，讓你更能感到幸福，可以不斷做出這項重要的自我照顧行為。

練習1 評估目前的界線

花點時間想一下你目前的界線狀態。對於每一項類別，勾選相對應的框，評估界線的設定和落實情況。

	脆弱	健全	穩固
社交			
情緒			
肢體			
性愛			
物質			
時間			

練習 2

找出阻礙你行動的想法

傾聽你內心的聲音和恐懼，礙於這些恐懼便不能設定你想要的界線。在左欄列出你對設定界線的負面看法，然後在右欄反駁它們。

阻礙你行動的想法	讓你充滿力量的反駁言論
說「不」是很自私的。	我要維持精力，才能全心全意給予。

練習 3

決定界線

現在是關鍵時刻，應該要決定新界線或以行動去鞏固現有的界線。對於每一項領域，找出一個可以讓你感到更為幸福感的界線，然後寫下你用來傳達界線的言詞，以及你將採取什麼行動去鞏固它。

	言詞	行動
社交		
情緒		
肢體		
性愛		
物質		
時間		

你逐步完成這個步驟和練習時，可能想知道這樣做是否安全和實用，還有情緒操縱是否會尊重你的界線，你甚至可能會質疑這樣做是否值得。

無論你讓誰進入核心圈子，設定界線以後，都應該能從中獲益，繼續去做這些重要的事情。我們接下來要看第六個步驟，更深入地探討「持續接觸」的問題，以便讓你能掙脫束縛，邁向自由。

6 Step 做出脫離有毒關係的決定

正如我們在上一個步驟中所討論的，當你和別人來往時設定界線來保持距離，彼此便能維持健全的正常關係。如果對方不遵守你劃定的距離或空間，會發生什麼事呢？也許你可以選擇斷絕和他們的聯繫。讓我們來看看，根據你個人的情況，這樣做是否必要、明智或可不可能。

無法馬上斷絕往來時，該怎麼辦？

你也許試過和操弄你的人設定界線，但無論你如何以行動來鞏固界線，他們依舊不依不饒，想操縱你的情緒，侵犯你的身體空間。或者，你可能憑著直覺，就知道設定了界線，對方就會暴力相向。你可能很想不和他們來往，但礙於經濟壓力和心疼寵物、孩子或其他牽扯的家庭關係而狠不下心來。也許你只是不確定是否設定了界線就可以，或者你不知道自己是否想要完全切斷和對方的聯繫。

在這個章節中，將會探討這些複雜的問題和場景，幫助你釐清思路，做出有益於你身心健康的決定。

請認清！你無法改變情緒操縱者

當我們依序走完前面的步驟來擺脫情緒操縱者時，你可能會發現，我們似乎沒有談論一項主題：如何不讓別人再來操縱我們的情緒。**其實，你無法矯正任何人，如果這些傢伙壓根不想改變，就沒有人能改變他們。**最重要的是，你不必為別人的選擇或行為負責，就算他們是在針對你。

了解自己的控制極限非常重要，這樣才能獲得力量。你可以找出問題，然後標記並理解它們；你可以發揮見識和自我意識，可以設定自己能接受的範圍。然而，你無法控制操縱者的反應，你只能照顧好自己和尋求安全感。如果還有其他依賴你的人，也要確保他們的安全。

把握「結束關係」的主導權

當你和某個人的深切情誼走到盡頭時，自然而然便會去尋求一種結束的感覺。所謂結束，就是弄清楚結束關係的原因，釋放和對方分離而產生的情緒動盪，然後替未來的關係預留空間。你若是主動結束關係，釐清分手的原因就不難，但重要的是要花點時間去反思，從中找出深刻和真正的結束感覺。

你可能會再度經歷悲傷的階段，但這次不是回歸，而是更深層次的釋放和療癒。就像爬螺旋樓梯時，又繞了一圈，看似回到原點，但你其實是繼續在往上爬。要體會結束的感覺，就得經歷一段過程，釋放內心的痛苦，不再執著於已經消失的那段關係。不妨去感受那種痛苦，說出心中遺憾，找出受到的傷害，然後才能完全釋懷。

你醞釀結束的感覺時，要內化從這段複雜的關係中體驗到的美好之處，並為此感謝，無論是心中所想或直接告訴對方。讓自己找出所受的傷害，不再為此感到受傷，如此一來，你就可以放下了。

如果你自願結束一段關係，最終會寬恕對方。原諒對方，並不表示寬容惡行或允許對方繼續傷害你，也不是否定那些惡行對你的影響。**寬恕只是意味著你拋開過去，不再怨恨和想要報復**。所謂寬恕，就是斷絕和對方的關係，不讓他們過去的行為影響現在或未來的你。你是為了自己而寬恕別人，因為你要釋放，獲得自由。

結束是關乎你自己

你必須為了自己，逐步導引情況來結束關係，不要等待情緒操縱者來主導。他們想要控制你，肯定不會輕易放手；要結束關係，不能期待這些人洗心革面，他們不必接受你設定的限制或者允許你離開他們。無論如何，你有權決定自己想過怎樣的生活；你要結束和他們的關係，不能指望他們是否點頭同意。

那麼，如果他們不幫忙，你該如何醞釀結束的感覺？結束有一個重要的因素，就是建構一種連貫的想法，釐清彼此的關係和你們之間發生過的事情。如果你受人操弄，對方不斷扭曲你所見的事實，做到這點就特別重要，而且十分困難。說出你的經歷，把它寫下來，告訴朋友，或者和治療師分享，以便能夠解決問題。把事情說出來了，就能理解自己遭遇過什麼事情，定位過去的經歷，然後將它拋在腦後。

當你走過這段歷程時，捫心自問：他們是你想像的那個人嗎？你應該拋棄不切實際的期望去面對現實了。此外，專注於和對方分離的正面結果，可能也能幫助到你。

對於很多人來說，這樣做可能會有一種懸而未決的感覺。空椅法（empty chair technique）可讓你找出結束點。找一個隱密的場所，在你的對面擺一張椅子，幻想操弄你的人坐在那裡；留意你的感覺，仔細體察你想對他們說什麼。記住一點，你很安全，他們無法傷害你。大聲說出你想說的話，不要保留，要說完為止。

另一種方法是寫一封信給情緒操縱者，根據你們的關係如何，還有你能否保障自身安全，決定是否可以把這封信給他們看，或者寫這封信只是想結束和他們的關係。用四天以上的時間寫信，把你要說的話都寫下來。然後合上信，深深呼吸。你可能會想要寫第二封更簡短的信來和別人分享，或者乾脆把它折疊起來，藏在隱密處，只是為了釋放情緒。請記住，你是為了自己，才去結束和別人的關係。

不聯繫、不接觸，堅持下去！

一旦你決定要結束關係，不要一直和操縱者聯繫；封鎖他們的電話號碼，並在社交媒體和他們斷絕聯絡。不要開啟你關上的門，你已經決定並跨越了那個門檻，沒有道理回頭。

操縱者往往有點人格問題，不太可能改變性格。**如果你給他們機會，他們會把你拖回去，再度讓你陷入愛戀轟炸、貶低你和拋棄你的惡性循環。**他們這樣做，只是為了面子，不想輸給你，別跟這種人糾纏不清。

心懷惡意的操縱者放出飛猴，打算逼你回去時，你可能又得面臨艱難的抉擇。如果這些傢伙堅持助紂為虐，根本不管你是否設定了界線，你可能也得斷絕和飛猴們的關係，或者盡量不和他們來往。這樣做可能比決定切斷和操縱者的聯繫更困難，因為你可能和他們有比較深厚的情誼。萬一飛猴是你的家人或朋友，你會感到更沉痛。下決定時，務必堅持己見，認定你有權過平靜的生活，你應該要能獲得自由。

如果沒有人操縱你，你的生活會是什麼樣子？

閉上眼睛，想像沒有人操縱你，你會看到什麼？你有怎樣的感覺？會有什麼不同？你會在哪裡？花點時間去思考這些問題，坐著好好想一想。如果你感到焦慮，想想看：從什麼地方感到可怕？要向這種恐懼屈服嗎？還是想克服它？也許你會驚訝，自己竟然會體驗一種自由或解脫的感覺。不過也請注意，這些問題沒有標準答案。

有學者研究過分手時會感到哪些痛苦，然後將結果發表在《實驗社會心理學期刊》（*Experimental Social Psychology*）。這項研究指出，人考慮要結束一段關係時，總是會想太多，誤以為自己將痛苦不堪。分手可能比你想的要容易，傾聽你的心靈，你會有所感悟。

無法斷絕往來時，仔細設定好界線

有些狀況下，你無法採取完全不與對方聯繫的強硬路線，可能礙於法律或實際情況而綁手綁腳。萬一家庭關係很複雜，仔細設定與對方接觸的界線或許比完全斷絕和他們的聯繫更為妥當，也許這樣做對你來說就足夠了。你們可能需要再聯繫一段時間，最終還是能夠結束。

最簡單的情況是你和對方沒有小孩或養寵物，即使如此，要分手還是會有點掙扎。感情糾葛確實是有，但具體的聯繫卻不多。職場的情況就比較複雜，你可能要等待一段時間才能離職，直到找了新工作或堅持退休時才能和對方斷絕聯繫。最複雜的是和家人的關係，年邁的父母可能會依賴你，或者你要與兄弟姐妹維繫寶貴的手足之情。萬一你和配偶或伴侶共享子女監護權，這樣就會面臨最複雜的情況。

捨不得小孩或寵物，該怎麼辦？

我們常看到夫妻彼此虐待，吵得不可開交，但「為了孩子」，不得不繼續同住一個屋簷下。然而，自我犧牲雖然很崇高，但重要的是要想清楚，留下來是否真的能幫到別人，或者還是可能會讓你和孩子進一步受傷。一旦孩子們將情緒虐待視為「正常」，他們長大以後可能會如法炮製，也去操弄別人。

此外，如果你眼下正受到情緒虐待，孩子們也可能會蒙受其害。他們若是目睹家庭暴力而被灌輸這種經驗，他們的心理也會遭受傷害。不能為了讓一家人相聚，就容忍這種事情。

如果你決定離開，很可能仍會礙於孩子的監護權而和配偶糾纏不清。萬一如此，你就得設定牢固的界線，不可隨意讓對方跨越。強烈建議你去諮詢律師或尋求公共法律援助，即使你在考慮分手時也應該這樣做。

如果你和配偶好聚好散，能共同監護孩子和寵物是最好的。如果你決定要和鬧翻的配偶分手，你將面臨艱難的決定，就是為了能和寵物相伴，是否值得繼續和對方來往。如果沒有婚前協議，寵物通常會被視為付錢購買牠們那一方的合法財產，這樣就可能無法達成令你滿意的共同監護權安排。**即使操縱你的人願意和你享有共同監護權，你也要想想，這樣是否會讓對方能繼續操弄你、掌控你和虐待你，以及再度把你納入他的魔掌。**情緒操縱者施虐的程度不同，萬一你接受共同監護，讓對方偶爾照管你心愛的寵物，你的寶貝有可能會受到傷害，務必謹慎行事。

萬一你發現必須分手，以免再被對方虐待，可是卻沒有帶走寵物的合法權利，而且對方也不想讓你帶走牠們，你就得忍受第二層的悲傷，這種悲傷真實而深刻，非常令人痛苦。此時不妨因為失去寵物而盡情悲傷，好捱過這段情緒低落的階段。沒有簡單的方法可以解決這個困境，你要保護自己的安全，把寵物留給對方可能是你給牠們最棒的恩典。如果對方要傷害你的寵物，一定要去報警。**最重要的是務必先照顧好你自己**，知道你有受人尊重和安全無虞的生活權利。

偶爾才需要與對方聯繫或接觸

礙於各種複雜的原因，偶爾才與對方聯繫或接觸可能是你最佳的選擇。你要設定接觸的界線，例如「只能在公共場所見面，最多待一小時」。假使你和對方讀同一所學校、上同一間教堂或參加同一個俱樂部，你要劃定嚴格的界線，指明和對方在何時何地見面。

如果你和先前的伴侶共享監護權，也要盡量避免和對方聯繫，你可以說：「我只會用電子郵件和你聯繫，我會在晚上看郵件。我每天只會寫一封電子郵件。除非遇到緊急情況，否則別打電話給我。」如果情緒操縱者不斷跨越界線，你可以封鎖他們的簡訊，或者當他們打電話給你，講的卻不是要緊事，你就要立刻掛電話。

你雖然想盡量減少和對方聯繫，但人與人的關係錯綜複雜，糾葛難分，要想順心如意，實在是困難重重。重要的是，你得知道仍然有辦法可以讓你更接近自己的目標。你應該要能享受自由，不受到情感虐待。

情緒操縱者口口聲聲說會改變，這時該怎麼辦？

你知道自己應該離開，但是……你愛他們。如果他們再三保證說會改變，你該怎麼辦？會不會太早就斷絕和他們的關係？你是真心希望對方能夠改頭換面，但這也只是希望而已。我們先前說過，如果人不是真心想改變，根本就不會改變。你無法讓別人改變。

情況偶爾會有所不同，情緒操縱者可能經歷了某種「情緒谷底」而有所醒悟。然而諷刺的是，可能是因為你離開他們，他們才會有這種體驗。話雖如此，你要小心一點，有些人假裝改變，其實是想騙你回去。你要離開他們，永不回頭。

你該如何知道對方真的願意改變？你要問問自己，他們承諾要改變以後，是否明確改變了行為舉止。他們是否自願接受心理治療？如果是這樣，治療是否側重於修補讓他們想操縱別人的潛在傷口？如果他們接受伴侶治療（couples therapy）[18]，或者採納的心理治療是專門抱怨你的不是，這樣是不夠的。

18 譯注：試圖改善愛情關係和解決人際衝突的婚姻諮商。

你是否確實看到他們有所改變，或者他們只是聲稱自己洗心革面了？變化是一夜之間發生，或者逐漸顯現出來？他們表現得很脆弱或與人誠實以對？這些特徵不僅對於他們是否能改變非常重要，也是他們改變的一種標誌。只要他們確實改變，你會看到他們內省反思而心懷悔恨。他們要想真誠道歉，就會擔起責任，把話說清楚、講明白，不會說你也有責任。虐待型或自戀型的情緒操縱者不太可能會有這種改變，但防禦型和安全感低落的操縱者可能會發生這種改變。

你可以對他們懷有慈悲心，同時也以慈悲心對待自己。假使你沒有看到他們有所改變的標誌，請愛護自己，繼續和他們保持距離。

做好分手的打算

離開麥克斯不容易。斯嘉麗確信麥克斯叫別人監視她，還知道他追蹤她的手機。

麥克斯控制著她找約會對象的線上個人資料，而且錢直接進入他的帳戶，他會從中替斯嘉麗付房租。她不和麥克斯住在一起，卻一直在他的掌控之下。

斯嘉麗第一次在浴室隔間門的內側看到「性販賣」（sex trafficking）[19]熱線。電話號碼888-3737-888，不難記住。她一遍又一遍重複，有一天，她撥了這個號碼，接電話的是一位女士，她具體指導了斯嘉麗，提供她資源和帶給她希望。

斯嘉麗決定離開麥克斯，揮別過去的生活。她知道不可能逐漸過渡到新生活，或者能跟麥克斯協商分手，所以她斷然離開，刻意留下兩個重要的東西：鑰匙和手機，頭也不回地離去。她鑽進等候的汽車，車子開動時，斯嘉麗直視前方，車子一直開到讓她感到安全的房子。

要所有計畫，才能離開操縱情緒的人。你已經評估了情況，確定自己受到對方

19 譯注：出於營利目的，將女性組織起來，向顧客收費，提供性服務。

的情緒虐待，難怪你會發瘋或歇斯底里。你知道自己實在受夠了。然而，根據不同人的特殊因素，離開的情況會有所不同。斯嘉麗和麥克斯沒有小孩，但離開時還是有點跌跌撞撞，令人擔心。其他人可能不會受到人身安全的威脅，但仍需面對各種複雜的因素，好比處理雙方的財務，以及面對牽扯不清的次要關係。即使你和操縱者的關係不像你和父母或兄弟姐妹有著血緣關係，但這些人會滲透到你生活的許多層面，把你掌控得更加緊密。

有些人無法斷然離開，結束關係，那就讓我們來看看還有哪些替代方法。

慢慢淡化關係

你可以慢慢疏離操縱者，擺脫他們的掌控。這種方法很有效，卻不適合用來處理牽扯家庭暴力的關係。如果你參加了一個組織，好比宗教團體或俱樂部，想對它盡心奉獻卻又感到恐懼，內心非常矛盾，此時不妨慢慢脫離這個組織，無需多作解釋。你可以減少和對方的接觸次數以及和他們保持距離，堅守自己的界線，直到這個人或組織遠離你的生活。

如果你不確定應該收緊界線或不和對方接觸，慢慢和對方疏離是特別有用的方法。一般來說，直接和對方溝通最好，務必要坦誠、勇敢和尊重彼此。然而，直接和對方溝通以前，可以先慢慢疏離對方，試著減少或完全不和操縱者聯絡或接觸。

直接溝通

只要不會受到人身威脅，通常最好是和對方直接溝通。例如，如果你確定自己上班時不斷被人操弄，而你也不再希望和對方抗爭，就必須直接和對方溝通來斷絕和他們的關係，也就是說要辭去工作。你可以先做規劃，可能要先找到另一份工作，寫下想說的話，準備好和對方攤牌。你可能要拋棄訴說自己受到傷害和感到憤怒的初稿，將其濃縮成為更簡短和直接的信件。**你不必指出或表明你是如何受人操弄，只要確定什麼對你最好，然後採取行動，擺脫讓你不愉快的事物，擁抱能讓你感到幸福的東西。**

如果你想設定界線，和那些跟你不和睦的家人保持距離，直接和他們溝通也很重要。別讓他們揣測你想跟他們保持多遠的距離，這種做法不太有效。如果你和某個人同居，但想要結束這段親密關係，此時也得直接和對方溝通，除非你是出於安全理由，不得不選擇突然失踪。一般來說，若要分手，最好直接說清楚、講明白。

回應對方的反擊

情緒操縱者必定會反擊，畢竟他們想要控制你。你一旦斷絕和他們來往，他們就沒轍了。他們可能會恐慌或憤怒，或許會大吼大叫或虛與委蛇，甚至口出威脅。他們可能會反駁你，說你不該離開他們，然後使出慣用的伎倆，說你沒有道理、謊稱你的記憶有問題，或者說你的情緒不太穩定。

為了不讓他們反擊，你不要多作說明，甚至根本不需要向他們解釋。你不虧欠他們，要抓狂就隨他們去吧！著眼於自己身上，要認定你的決定對你有益。你要意志堅定、沉著冷靜和堅持下去。

不必管操縱者喜不喜歡你的決定，你已經做出選擇，就像設定界線一樣，現在正以行動來證明你說到做到；你有這個權利，也必須離開他們。

願意的話，和其他人談論

當你決定不再和某個重要的人來往時，可能會與朋友和家人談論這件事。**你和親友討論以前，不妨設定明確的界線，免得他們自作主張，給你出餿主意。**你可以說：「我已經決定了，只是轉告你一聲，我現在不想聽別的意見。」如果他們還想說服你改變心意，你可以立即打斷他們，起身離去。

先給自己一點時間去處理你因為關係破裂而感到的傷痛，這樣一來，你和親友談論才會覺得底氣比較足。有了支持你的人，可能不用花多久就能不再悲傷，你甚至可以和對方訴說你的想法和感受，描述你從接受事實到下決定分手的心路歷程。

如果有了小孩，和配偶或伴侶分手之前，最好和小孩談一下，讓他們發問和訴苦，但你要意志堅定，知道你所做的對自己和他們都是最好的。話雖如此，假使操弄你的人會對你暴力相向，事先和小孩透露你想離開那個傢伙可能不是太聰明的做法。萬一遇到這種情況，一定要在分手之後處理孩子對於你做出這項決定的感受，也許可以尋求孩童或家庭治療師的協助。

當你討論你自己在做出的改變時，務必堅定信念，牢記你的需求，知道自己應該得到什麼，以及切記操縱者對你做了什麼。要提防飛猴，別讓他們站在操縱者的立場左右你。你知道什麼對自己最好，並有權決定誰能踏進你的生命。

善用支持網絡

雖然你已經知道哪些人可能會試圖左右你的決定，但不要害怕和那些會支持你的人聯繫。熬過過渡期不容易，你不必一個人承受。

不要害怕聯繫可能受操縱者蠱惑而疏遠你的朋友，你需要維繫這些人，和他們保持情誼，而且你最後可能會發現自己投入的心血沒有白費。找出支持你的人，做一回真正的自己，敞開心扉接受他們的關愛。如果不知道從何做起，請參閱本書後頭列出的資源，有熱線電話以及告訴你如何聯繫可幫助你的治療師。

執行離開的計畫

一旦你找到了支持網絡、制定了詳細計畫，並且落實了必要步驟，此時就能執行計畫了，這可能是整個過程中最難的部分。**去感受內心的抗拒、恐懼或悲傷，面對**

它、傾聽它、留意它的模樣和你身體的感覺，然後讓它慢慢消退。抬起下巴，記住自己是值得珍惜的，然後做一些提升自己價值的事。好了，你做得很棒。

當操縱者試著再聯繫你的時候

其實操縱者不太可能放你走，無論他們是感到不安全（你離開，就會傷了他們的自尊）或者出於自戀（若遭人拒絕，就會認為自己受到侮辱），他們既然想要操弄人，自然就不允許對方脫離掌控，把你拉回去是操縱者們常見的伎倆。

愛麗兒下了一個痛苦的決定：和家人斷絕聯繫。她現在發現，由於家人不願意承認繼父在她童年時對她做的獸行，她一直感到精神緊繃，根本難以忍受。愛麗兒的家人堅持認為，他們是幸福的家庭，她要對自己青少年時期的叛逆行為負起全責。雖然愛麗兒願意替自己的選擇負責，但她再也不想被人扣上「問題兒童」的帽子。

愛麗兒寫了一封簡短的電子郵件，直接寄給全家的群組，說他們如果還想繼續粉飾太平，假裝繼父所做的事沒有發生過，那以後遇到節日時，她就不會回家聚會。愛麗兒原本害怕家人可能會語帶憤怒地回信，但情況恰好相反，大家都沉默以對……。

感恩節越來越近，家人紛紛打電話、發簡訊或寄電子郵件給她。姐姐哄她：「過去的就讓它過去了。」她的母親哀嘆，假期到了，孩子都不回家陪她過節。哥哥則很生氣，罵她把假期搞砸，全家人都把焦點擺在她身上。愛麗兒倒在丈夫的懷裡哭泣。他看著她的眼睛，問道：「你打算怎麼做？」愛麗兒深吸一口氣，回答：「等到一月再回覆他們。」

當你明確說出界線，別人卻忽視的話，你就得妥協，或者以行動來表達自己的想法。你必須決定是否願意放手離開。

愛麗兒說出實情以後，家人卻刻意忽略，繼續操縱她的情緒，她只好沉默以對，以此堅定表達立場。他們不願意改變，這就清楚表示沒有什麼好說的。人不能在被操弄後就自甘妥協或認可對方，只能承認真相或矢口否認，中間沒有灰色地帶。

如果操縱情緒者沉默一段時間後打算和你重新聯繫，請你要好好評估：他們是否確實有所改變？改變會持久嗎？他們是承認過去的錯誤，還是假裝什麼都沒發生？或者，他們只是想訴諸你的感情和忠貞來哄騙你？忠貞確實是良好的品性，但你必須先誠實對待自己。

堅強下去和始終如一

當你擺脫情緒操縱者以後，起初可能會感到空虛。他們佔用了你太多空間，排擠掉他人，並且要你花更多的時間和精力滿足他們的需求。他們離開你的生活以後，會留下一片真空，你會感到空虛和孤獨。

坐下來好好想想，不要急於避開這些感受，或者猛吃東西、瘋狂購物、酗酒、拼命工作或忙著找對象來填滿心中的空虛。**讓自己去感受空虛，以慈悲心留意自己的感受，直到你能完全適應這些變化。**

你在這個時候，最有可能想找回操縱情緒者，或者讓他們重新進入你的生命。你可能會說服自己，放棄先前大膽做出的果斷決定。你要留意外界的批評聲音，這些消極想法會讓你懷疑自己做出的決定，讓你以為自己不能主導生活。你可能會發現自己擔心別人有不好的感受，同時指責自己造成了他們的困擾。別人有哪些感受，那是他們的事，跟你無關。你可以心存良善，但必須先善待自己，先自愛和設定界線。如果他們讓自己孤單，那可不關你的事。

如果你動搖了，不要先告訴操縱者，免得他們見縫插針，突破你的心防。不妨去向值得信賴的知己（例如朋友或治療師）訴說心事，或者做筆記寫下你的感受。你可以冥想、反思或祈禱，傾聽心裡最深處的直覺。

當你保持距離，從中維持「清醒」的時候，不妨去享受你原本望而卻步的生活樂趣；盡情去探索你的愛好，放手去享受自由！

操縱者可能會加以阻撓和侵犯，你得做好準備，並且知道他們反抗你並不表示你斷絕關係是錯誤的，堅持一下，你得始終如一。若有必要，請考慮申請限制令

（restraining order）[20]，如此一來，操縱者應該會逐漸收斂，但還是別完全卸下心防。雖然他們越來越收斂，你還是得堅持下去，最終就能排除一切阻撓。

下面的三個練習，可以讓你根據自己的獨特情況和需求，來好好制定離開這段關係的計畫。

20 譯注：法院發布的命令，在涉及家庭暴力的情況下可保護個人、企業或機構。

練習 1

制定計畫

以下是擺脫操縱者的步驟。我們已經探討過各種人與人來往的場景以及避免接觸或完全斷絕關係的方法。下面的決策樹可以幫助你評估哪種反應最適合你的獨特情況。

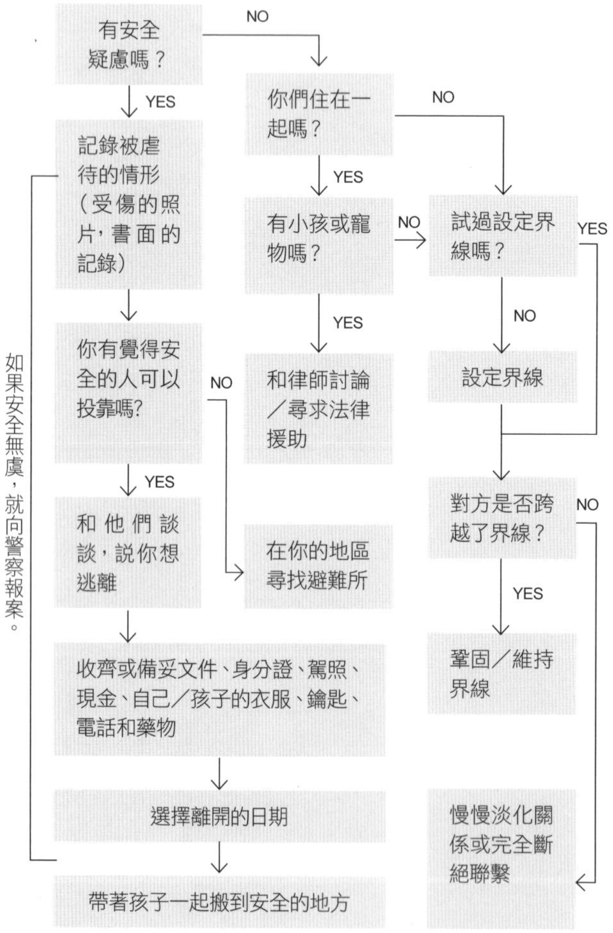
有安全疑慮嗎？
NO
YES
記錄被虐待的情形（受傷的照片，書面的記錄）
你有覺得安全的人可以投靠嗎？
NO
YES
和他們談談，說你想逃離
收齊或備妥文件、身分證、駕照、現金、自己／孩子的衣服、鑰匙、電話和藥物
選擇離開的日期
帶著孩子一起搬到安全的地方
如果安全無虞，就向警察報案。
你們住在一起嗎？
NO
YES
有小孩或寵物嗎？
NO
YES
和律師討論／尋求法律援助
在你的地區尋找避難所
試過設定界線嗎？
YES
NO
設定界線
對方是否跨越了界線？
NO
YES
鞏固／維持界線
慢慢淡化關係或完全斷絕聯繫

如果你可能立即身處危險，請撥打110報案專線。如需尋求協助，請撥打二十四小時無休的113保護專線。或者上網 https://www.mohw.gov.tw/cp-190-231-1.html

練習2 我是否應該堅持自己的界線？

這個問題的答案應該是肯定的。你若是不確定，請誠實回答以下問題，藉此評估你是否應該放鬆警惕。如果你對五個問題答案都是肯定的，卸下一些心防也無妨。要慢慢來，不必著急。

是	否	他們有沒有表現出悔意？
是	否	他們詳實承認過所犯的過錯嗎？
是	否	他們是否有具體的變化？
是	否	他們是否採取任何代表改變心性的行動（好比接受治療、矯正行為和戒酒）？
是	否	從他們改變以後，是否已經過了很久？

練習3 分手以後的自我照顧計畫

你得出了結論，也做出了決定。在制訂計畫以前，請停下來想想，採取行動後需要如何照顧自己。怎樣做才能讓你面對悲傷、孤獨或疑慮？想想看有哪些可以支持你的人、你能做哪些充實的活動和安撫情緒的事情，把它們列出來。

當你避免接觸操縱者或完全斷絕和他們的關係，就能騰出空間來展望未來。你會知道自己想要並值得擁有健全的關係，但可能缺乏建立這些人際關係的信心。如果你渴望與人接觸，就不要陷入自我保護的陷阱而孤身一人。走出情緒操縱虐待的最後一部分，將探討何謂健全的關係，讓你打破不健全關係的惡性循環。

7 Step 發展健全關係並永久打破情緒操縱的循環

現在是追求夢想和希望的時候了，你應該展望未來，想想該培養什麼興趣。既然你已經知道該拋棄什麼，就可以去追求想要的東西。本章將討論健全關係的標誌，同時說明如何重新培養人際關係。

向前邁進

「向前邁進」，就是要為失去東西而感到悲傷，保持設定的界線，並且評估想要的生活，你要敢於夢想並盡情發揮想像力，這是非常貼近心靈的一個過程。**對於某**

些人來說，向前邁進可能是追求擱置很久的夢想；你可能想回學校讀書、找新的工作、追求新的喜好或參加各類活動，從而結識朋友或培養親密的關係。

有些人剛恢復單身，會想繼續一個人過日子，追求健全的生活並堅強起來。有些人則是渴望和別人建立信賴關係，這樣就得繼續療癒內心，才不會胡亂找個人來填補內心的空虛。你應該做好準備，提升自我，昇華到另一個層次。

打破情緒操縱的循環

如果你希望建立新的關係，無論是談一場浪漫的戀愛或柏拉圖式的愛情[21]、參加社團或宗教團體尋求精神慰藉，或者再度踏入職場，都要心生警惕，以免掉入以往的陷阱。

21 譯註：柏拉圖式戀愛（Platonic love）追求心靈溝通，排斥肉體慾望，屬於一種純潔的愛情。

一篇發表在《社會心理學季刊》（*Social Psychology Quarterly*）的研究指出，人們往往會墜入能夠確認他們先前想法的關係之中，無論這些想法是正面或負面。我們會想要避免認知失調（**cognitive dissonance**，也就是想法相互矛盾而感到精神不適），但這樣時常會讓我們無力追求真正渴望的健全關係。換句話說，**人往往會對熟悉的事物感到更舒適，即使它們是所謂的虐待**。因此，你得知道這種吸力很強大，會讓你陷入熟悉的事物。如果想抵擋這種力量，就必須創造新的健康生活模式，徹底愛護自己，以便對抗內心的負面想法。

如果你從小就不斷遭受情緒虐待，長大以後家人還繼續操弄你，而且有可能還陷入類似的友誼或戀愛關係，又被朋友或愛人長期操弄，那麼你所知道的可能只有情緒虐待的模式；你必須打破這個循環，才能重獲自由。要做到這點，你必須磨練找出情緒操縱者的能力、打破與人相互依賴的模式、明確知道自己想追尋什麼，並且能夠發現哪些人是心理健康的。

找出潛藏的情緒操縱者

你不想再遇到情緒操縱者，因為你比任何人都清楚，要擺脫這些傢伙有多麼困難，幸好你已經知道操縱者的伎倆以及他們會遵循的循環，並且學會去傾聽內心的聲音，相信自己的直覺。儘管你剛要重新開始時可能會害怕，但你已經能夠找出尚未出現的情緒操縱者，在他們對你下手之前就遠遠躲開。

要警惕那些很快就跟你攀親帶故的人，不必著急，給自己幾天的時間去想想。做筆記、找朋友或治療師談論什麼東西吸引你，什麼東西又讓你感到不安。

如果你的朋友或約會對象試圖改變你，那就得小心。你可能並不完美，但你應該和願意欣賞你的人在一起——打個比方，你這個人是有點缺陷、還在改良但十分美麗的馬賽克；在健全的人際關係中，無條件接受對方要擺在第一位，如此一來，你才會感到安全，身心才能成長，愛不是賺來的。

要遠離有控制欲的人。有些人會根據性別、年齡、種族或職位高低，以專制手段去對待別人，即使他們現在看起來似乎有俠義風度，但他們可能最後會利用這點來虐待你。你不比任何人低賤，也不是天生就比別人高貴。你與人來往時，要期待你和對方能相互尊重和平等互惠。

繼續複習和應用從本書學到的技巧，要知道自己不該屈從於任何人。你可以語氣和善，說：「不，謝謝你。」或「這對我沒有用。」提前設定界線，練習一下，把它們說出來，你還要知道該如何擺脫別人的糾纏，以及勇於和別人溝通。設定界線來照顧自己，面對你不喜歡的事情，就要說「不」來拒絕對方。

與不支持你的人打交道

你知道自己的價值，知道自己想做什麼和不想要什麼，然而並不是每個人都會支持你。無論你要擺脫以前的關係或開始新的關係，都不要想著能取悅每一個人。設定清楚的界線，表明你已經下定決心，不想進一步討論。只要對方還是不尊重你，就要斷然離開，不再和他們討論。

在某些情況下，一旦你決定斷絕和某個操縱者的聯繫，可能會影響你所愛的其他人。例如，你要是決定不跟父親或母親來往，你的姑伯姨舅可能會受到影響。如果你可以接受，不妨傾聽這些人的感受。你可以抱持同理心，不替自己辯護或提及你認真設定的界線，甚至可以敞開心胸和他們談談，看看日後該如何彼此聯繫，同時不必再和那些想操弄你的人糾纏在一起。你要過平靜的生活，不受暴力威脅；不必哄別人開心，可以關心他們，讓他們自己去撫平情緒和感受，就像你學著如何讓自己過得安穩一樣。

每天練習讓自己安定的技巧

當你讀完本書並完成每個練習時，你已經做了很多穩定心性的工作。繼續練習這些技巧，鞏固你的界線，並且在這個過程中繼續擬定自我照顧的計畫。你要在自愛、自尊和自信中不斷成長。你越是持續鍛鍊心性，就會越覺容易做到；堅持下去，這是你應得的。

準備好的時候，去發掘健全的人際關係

人與其他的哺乳動物一樣，天生就要和別人來往和建立關係。我們生來就想依賴他人，彼此依戀而感到安全，這樣才能精力充沛，神采奕奕。然而，一旦我們被人孤立或忽視，就會感受到痛苦，人都是彼此需要的。

如果你曾在要滿足這些核心需求以及你是在非常脆弱的場所受到傷害，一想到要和別人來往就會心生恐懼，甚至感到厭惡噁心，**最好給自己一點時間沉靜下來，療癒自己，但不要害怕再次敞開心扉**。

和別人相戀不但能快樂，也能找個人陪伴，但你不一定非得去談一場戀愛。你若想滿足與人來往的需求，可以試著結交新朋友、認識室友、拜見導師、當個門生受人指導，以及把某些長者視為父母或祖父母來關心他們。

當你準備好以後，可以去當志工、報名小組課程、加入健全信仰的社群、上健身房、參加俱樂部或加入鄰里協會。**謹慎使用社交媒體，把它當作墊腳石而不是人際關係的替代品**，這樣一來，社交媒體就能成為寶貴的工具，讓你找到朋友，不再孤

單一人。

只有你才知道自己何時做好準備，繼續向前邁進。你要傾聽自己的心聲，懷著無比的勇氣，同時運用來之不易的內在智慧。

健全的關係是什麼模樣？

大衛看著實驗室的數據，發現了一個錯誤。他畏縮了一下，但他知道必須告訴老闆這個錯誤，這牽涉安全問題。

大衛向瑪麗亞報告時，瑪麗亞顯得和藹親切，感謝他提醒她這個錯誤。大衛離開瑪麗亞的辦公室時，聽到她在和管理高層通電話，他心想會不會有最壞的情況發生，於是停下腳步偷聽，沒想到她竟然要對延誤研究進度負起全部的責任。研究團隊隔天在圓桌會議上進行晨報，瑪麗亞記下了大衛找到的錯誤，稱讚他有注意到細節，同時鼓勵團隊成員保持警惕，要隨時找出問題。

在健全的關係中，人與人會相互尊重和支持，同時平等對待彼此。此外，人還會舉止善良和心懷同情，彼此坦誠相待，大家皆能感到安心且相互信任。

健全的關係並非完美無缺，一旦有人犯了錯誤或口出惡言，這些冒犯者就會悔恨交加，並且願意承擔責任，改變自己的行為舉止。受侮辱的人則會寬恕對方，根本不會去記仇或心裡有疙瘩。

你若有健全的關係，就會感覺很自在。你喜歡和對方在一起，不但充滿自信，也會感到輕鬆自在。你不會害怕被人批評，也不會尷尬，因為對方看到，正是不做作的你。

丹遇到肖恩以後，一直在等待下一步的發展。他熟悉這種模式：深深愛上對方，大膽表白愛情，然後突然被暴力相向或遭受拒絕。然而，丹害怕的事情沒有發生，於是他就做了不可避免的事情，向肖恩全盤透露自己不可告人的秘密。肖恩只是溫柔看著他，說道：「我越了解你，就越喜歡你。」

隨著時間的推移，丹逐漸相信肖恩有點不同。肖恩不像他的父母，想當年丹告訴父母他的所有秘密時，他們竟然把他趕出家門。肖恩也不像他以前那些不可靠的男友。丹說話的時候，肖恩會專心聽著。肖恩會告訴丹，說他有哪些優點。丹哭的時候，肖恩會抱著他，從不因為他感到痛苦而輕視他。肖恩會尊重丹設定的肢體界線，讓丹感到很安全。

有過痛苦經歷的人有時會與人建立一段健全的關係，卻不知道能和對方相知相惜是多麼珍貴的事情。期望和經驗通常會脫節，讓人無故退縮、失去興趣或破壞好事。話雖如此，有時他們也會發現自己挖到寶了，找到了能寄託情感的地方而堅持下去。

如果能夠主動尋找到健全的關係（無論是浪漫的戀情或柏拉圖式的愛情），而不必等待命運去陷入其中呢？我們需要做什麼呢？

你要先知道，自己在尋找什麼，這牽涉到兩件事。首先，你必須清楚了解健全的關係是什麼模樣；其次，它會讓你了解自己的理想可能是什麼。支持這兩個要素的，就是你要堅信自己值得受別人尊重或得到關愛。

既然你知道了這兩點，就讓自己置身於能遇到志同道合的對象的場合。如果你遇到一個你覺得跟他契合的人，就要慢慢來，過於心急無法營造健全的關係。你不必著急，享受結識新朋友的互動過程，花點時間去感受你的直覺。

平等的關係

「平等」可能是健全關係最明確的標誌。在平等的關係中，雙方會分享權力並相互尊重，不會根據性別或性別認同、種族、年齡、收入、移民歷史、家庭背景、教育、性取向或其他特徵來區分等級高低。逝者已矣，過去的就留在過去，對方不會挖你痛腳，讓你內疚或羞恥，藉此佔據主導地位。

角色和分工是協商來決定的，而不是事前假定的，雙方也會根據興趣和技能來平均分擔工作。夫妻或團體的成員都享有平等的發言權，而且在決策過程中，各方的聲音都會被聽到、尊重和考慮。

關懷也是相互的，你不會被期待總是要撫慰對方，不會被賦予啦啦隊長的角色，總是要去取悅對方，也不會被要求一直要假裝快樂。雙方都知道自己是安全的，能夠不虛偽做作，直接向對方表露真實的情緒，並且期待對方給予關懷、同情和支持。

兩則說明平等關係的故事

平等的人際關係會從很多方面表現出來，請思考下面的對比情形。

達內爾從小看著母親上班前或下班後忙著做飯、打掃和照顧孩子，參加學校母姐會和帶他們出去的總是媽媽；父親是上班族，母親準備晚餐時，他就打開電視，觀看體育賽事。只要他們這些孩子不聽話，父親就會懲罰他們。

達內爾和珍妮結婚以後，兩人嘗試新的相處方法。他們喜歡一起做飯，也讓孩子們幫忙，吃完飯後，兩夫妻會輪流洗碗，沒洗碗的就去哄孩子，讓他們準備上床睡覺。兩人分別替孩子蓋好被子說晚安。然後，夫妻倆會一起休息，看電視追劇。孩子不聽話時，他們會當場和他們談，聽聽孩子們的想法，然後要他們改進，引導他們回歸正軌。

卡塔麗娜面對新的人際關係感到徬徨。她和露西亞翻臉分手，感到心煩意亂。卡塔麗娜曾經因為露西亞說她的八卦而對她大吼大叫，露西亞便生氣了，突然在社交媒體上封鎖了她。

卡塔麗娜和麻衣一起在動物收容所當義工，她和麻衣聊天時，兩人總是有說有笑。有一天，麻衣找她喝咖啡聊天，她問卡塔麗娜要在哪裡碰面，還有哪一天比較方便。麻衣即使和卡塔麗娜有意見不同，卻似乎很尊重她的想法。兩人的友情逐漸升溫，彼此互相信任，在對方需要保持距離和獨處時也會加以尊重。卡塔麗娜感到很心安，因為他們的友誼堅定，她可以展現真實和完整的自我。

每一天都要照顧好自己

你已經讀完這本書了，應該知道情緒操縱的跡象和循環，希望你有所突破，能夠接納生活中的事情真相。發現自己被人操弄以後，你感到憤怒和悲傷，但終於熬過了那段時期。你已經檢視了自己現有的界線，並且設定新的界線去保護自己，過想要的生活。你已經開始規劃和想像健全的人際關係是什麼模樣。

最重要的是，我希望你牢牢記住要關愛自己。無論做出什麼決定，都要把自己放在第一位。你要不斷保護自己，在自信心中成長。多挪出時間和別人建立健全的關係，還有做點讓你滿意的事情。要過得心平氣和，值得擁有愛戀和友情，讓那份愛在內心輕輕流淌，澆灌生命的土壤。

下面是最後的練習，可幫助和引導你去強調和鞏固你的權利和決心，以便讓你能過著充實的生活，不再被人操縱情緒。

練習 1 評估目前的關係

想一想你目前的人際關係，在每個類別下找出一項重要的人際關係。如果發現某個類別不適用，就跳過它，或者根據另一個類別寫下更適用的關係。每項關係有哪些正面或負面的指標？你可以做些什麼來改善關係，讓你更能享受其中？

	不健全	健全	改進的方法
友情			
愛戀的伴侶			
父母			
兄弟姊妹			
職場			
其他			

練習 2

描述你的理想

描述你心中理想的友情、師生情誼、戀愛關係或職場環境。著眼於你剛剛擺脫或疏離的關係類型，根據你喜歡的模樣來描述你的理想，不要描述你不想看到的樣子。例如，「我想和喜愛冒險的人約會」比「我不想和每天晚上只知道看電視的人在一起」更好。

練習3

整合一切

這是最後一個練習，請拿出你的筆記，花點時間反思。重讀你完成的所有練習以及寫下的所有答案。想想看你學到了什麼，你是如何逐漸成長，還有發生了什麼變化。最後要請你回答下面的問題：

- 你對自己有什麼了解？
- 你有什麼改變？
- 你的生活發生了什麼變化？
- 你願意做哪些事情，以便繼續成長，日後能持續關愛和照顧自己？

牢記這句話：你值得你為自己所做的一切。

【結語】你不該這樣被對待

我是個治療師，經常會有患者問我：「他們怎麼能這樣對我？」我要告訴各位，**不必去了解為何別人想要侵犯你。你要知道的是，你絕對不該被人這樣對待**，你值得被人關愛。總是會有人關心你，而你一定會找到關心你的人。會操縱別人的傢伙內心狠毒，但他們其實不是針對你，而是他們有不安全感，他們是自戀狂，喜歡虐待別人。

別妄想去改變喜歡操縱別人情緒的人，你要多關心、滿足自己的需求。別忘記你內在的價值，要繼續關愛自己，讓自己逐漸成長。無論你有多忙，也不管你一天過得怎樣，你每天都要照顧自己。留意那些試圖潛入你內心的負面訊息，提醒自己會有這些訊息，是因為你受人虐待，要心懷慈悲地關愛自己，同時堅定駁斥這些負面訊息。

請記住，你並非每一次遇到不好的人或與他人有誤解，就表示有人想操弄你，或者你需要擺脫對方。**每一段的健全關係都會出現一些煩人的問題，你要謹慎處理情**

況，同時知道該和別人保持哪些界線，並且要堅持下去。繼續傾聽你的直覺，體察自己的感受。不妨和你信得過的朋友聊聊，他們會對你坦誠相待，你也要記錄自己的經歷，這樣才能整理和分析讓你困惑的人際關係和交流溝通。

如果本書只有部分章節能引起你的共鳴，那也沒關係。挑選對你有用的，剩下的就別理它。情緒操縱的型態各式各樣，多不勝數，影響程度也因人而異，一切都取決於雙方的人際關係、操縱的時間點以及兩人來往了多久。因此，你的經歷和恢復過程可能會有所不同。你是獨一無二的，療癒過程完全要根據你的情況，別處不可能找到。

你要知道自己值得被人關愛和尊重，只要任何經驗或訊息沒有傳達這種想法，它們都是謊言，要牢記這個真理。當你追求想要的生活時，依照這個真理勇敢向前邁進。

參考資源

你若想持續成長，以下是建議的閱讀書單

Black, Claudia. *Repeat after Me: A Workbook for Adult Children Overcoming Dysfunctional Family Systems*. Rev. ed. Las Vegas, NV: Central Recovery Press, 2018.

這本指南能幫助讀者面對功能失調的家庭以及擺脫對家人的依賴。

Brown, Brené. *Men, Women, and Worthiness: The Experience of Shame and the Power of Being Enough*. Louisville, CO: Sounds True, 2012.

本書討論羞恥的破壞力，帶領讀者培養自我價值。

Maté, Gabor. *When the Body Says No: Exploring the Stress-Disease Connection*. Hoboken,

NJ: John Wiley & Sons, 2011.
本書討論壓力和疾病的關聯。

Moreland, Mike. *EFT Tapping: Quick and Simple Exercises to De-stress, Re-energize and Overcome Emotional Problems Using Emotional Freedom Technique*. Scotts Valley, CA: CreateSpace, 2014.
這本指南告訴讀者如何運用敲擊技巧來舒緩和應付排山倒海而來的壓力。

Shapiro, Francine. *Getting Past Your Past: Take Control of Your Life with Self-Help Techniques from EMDR Therapy*. New York: Rodale, 2012.
本書介紹運用適合技巧的EMDR療法，讓讀者在家中練習，以便舒緩情緒，獲得更多的自由。

Tawwab, Nedra Glover. *Set Boundaries, Find Peace: A Guide to Reclaiming Yourself*. New

活適應問題之協助。（中華電信撥打免費，其他電信，電信業者以市話計費）。

- 免付費保護專線 113

二十四小時的政府專線，有家庭暴力、性侵害、性騷擾的問題或困擾，或是兒童、少年、老人、身心障礙者受到身心虐待、疏忽、遺棄，皆可撥打。

- 免付費男性關懷專線 0800-013-999

政府專線，每日 9:00-23:00，提供給想解決家人關係衝突（包括夫妻、親子、手足及親屬等）、家庭暴力困擾或想促進家人關係之男性朋友協助。

參考書目

American Psychiatric Association. *Diagnostic and Statistical Manual of Mental Disorders.* 5th ed. Arlington, VA: American Psychiatric Association, 2013.

Carney, Michelle Mohr, and John R. Barner. "Prevalence of Partner Abuse: Rates of Emotional Abuse and Control." *Partner Abuse* 3, no. 3 (2012): 286–335. doi.org/10.1891/1946-6560.3.3.286.

Eastwick, Paul W., Eli J. Finkel, Tamar Krishnamurti, and George Loewenstein. "Mispredicting Distress Following Romantic Breakup: Revealing the Time Course of the Affective Forecasting Error." *Journal of Experimental Social Psychology* 44, no. 3 (May 2008): 800–807. doi.org/10.1016/j.jesp.2007.07.001.

Felitti, Vincent J., Robert F. Anda, Dale Nordenberg, David F. Williamson, Alison M. Spitz, Valerie Edwards, Mary P. Koss, and James S. Marks. "Relationship of Childhood Abuse and Household Dysfunction to Many of the Leading Causes of Death in Adults: The Adverse Childhood Experiences (ACE) Study." *American Journal of Preventive Medicine* 14, no. 4 (1998): 245–58. doi.org/10.1016/S0749-3797(98)00017-8.

Grand, David. *Brainspotting: The Revolutionary New Therapy for Rapid and Effective Change*. Boulder, CO: Sounds True, 2013. Harris, Russ. *The Complete Set of Client Handouts and Worksheets from ACT Books*. 2014. TheHappinessTrap.com /upimages/Complete_Worksheets_2014.pdf.

Kidd, Ian James, Jose Medina, and Gaile Pohlhaus, Jr., eds. *The Routledge Handbook of Epistemic Injustice*. Routledge Handbooks in Philosophy. London and New York: Routledge, 2017.

Riggs, Damien W. , and Clare Bartholomaeus. “Gaslighting in the Context of Clinical Interactions with Parents of Transgender Children.” *Sexual and Relationship Therapy* 33, no 4 (2018): 382–94. doi.org/10.1080/14681994.2018.1444274.

Robinson, Dawn T., and Lynn Smith-Lovin. “Selective Interaction as a Strategy for Identity Maintenance: An Affect Control Model.” *Social Psychology Quarterly* 55, no. 1 (March 1992): 12–28. jstor.org/stable/2786683.

Siegel, Daniel J. *The Developing Mind: Toward a Neurobiology of Interpersonal Experience.* New York: Guilford Press, 1999.

——*Mindsight: The New Science of Personal Transformation.* New York: Bantam, 2010.

Sweet, Paige L. “The Sociology of Gaslighting.” *American Sociological Review* 84, no. 5

(October 2019): 851–75. doi.org /10.1177/0003122419874843.

Walker, Pete. *The Tao of Fully Feeling: Harvesting Forgiveness out of Blame.* Lafayette, CA: Azure Coyote, 1995.

致謝

寫這本書對我來說是一個夢想，也是一項挑戰。如果沒有我親愛的丈夫夏恩從旁支持和鼓勵，我是不可能做到的。他總是相信我，為我加油打氣，在我忙得不可開交的時後收拾殘局，甚至會做得比平時更多！夏恩，謝謝你犧牲奉獻，幫我實現夢想，也很感激你願意在深夜幫我校閱初稿。

我要感謝親愛的兒子盧克（Luke）。我想吃巧克力解饞時，你總是會知道，你還會給我擁抱和鼓勵。我遇到寫作瓶頸時，你都會給我很棒的建議。你的觀點鞭辟入裡，不像你這個年紀的孩子能提出的想法。你說得沒錯，我每晚伏案寫書時，我們家的貓咪林戈（Ringo）都會靜靜坐在我的腳邊，我的確也該跟牠說聲謝謝！

在此感謝我的大姊羅賓．迪克瑪（Robin Dykema），謝謝妳幫我校閱初稿，讓我改進內文來引起出版商的注意。我也要謝謝你一直信任我。

我的好友邁拉．岡薩雷斯（Mayra Gonzalez），感謝你從社會工作者的觀點提供建言並為我打氣加油。南希．詹姆斯（Nancy James），謝謝妳針對本書重要的臨床章節提供專業意見和建議，也感謝你一路友情相伴和從旁鼓勵。還有林恩．桑德斯（Lynn Sanders），謝謝你告訴我螺旋樓梯的類比，讓我受益匪淺。我多年來的好友娜塔莉．奧爾德斯-普萊斯（Natalie Aalders-Price），我愛你，因為你從小就相信我，認為我可以出書完成夢想。當我質疑自己，懷疑自己看到的真相時，你會讓我保持理智。我還想感謝那些鼓勵我、三不五時問候我、給我買咖啡、贈送讓我驚喜的禮物以及和我一起慶祝節日的親朋好友。謝謝你們讓我的生活完美無憾。

我要感謝傑西．艾倫（Jesse Aylen）和瑪麗亞．甘珀特（Mariah Gumpert）。這兩位編輯一路上給我深思熟慮的建議，幫我校訂稿件和肯定我付出的心血。我還要感謝卡利斯托（Callisto）出版社的整個團隊，他們協助完成這項計畫，讓本書得以付梓問世。

感謝所有和我分享自己如何被人操縱情緒的人，但願本書能鼓勵你們向前邁進。

self-help S 06

情緒操控

揭開最惡質的煤氣燈效應，拯救自己並重建正常關係的療癒 7 步驟，脫離欺騙、貶低、洗腦的有毒關係

作　　者／黛博拉・維納爾
譯　　者／吳煒聲
封面設計／比比司設計工作室
內文設計・排版／菩薩蠻
選書人・書籍企劃／周書宇・賴秉薇
責任編輯／賴秉薇

出　　版／境好出版事業有限公司
總 編 輯／黃文慧
主　　編／賴秉薇、蕭歆儀
行銷經理／吳孟蓉
會計行政／簡佩鈺
地　　址／10491 台北市中山區松江路 131-6 號 3 樓
粉 絲 團／https://www.facebook.com/JinghaoBOOK
電　　話／(02)2516-6892
傳　　真／(02)2516-6891

發　　行／采實文化事業股份有限公司
地　　址／10457 台北市中山區南京東路二段 95 號 9 樓
電　　話／(02)2511-9798　傳真：(02)2571-3298
電子信箱／acme@acmebook.com.tw
采實官網／www.acmebook.com.tw

法律顧問／第一國際法律事務所 余淑杏律師

I S B N／978-626-7087-10-7
定　　價／380 元
初版一刷／2022 年 1 月

國家圖書館出版品預行編目 (CIP) 資料

情緒操控：揭開最惡質的煤氣燈效應，拯救自己並重建正常關係的療癒7步驟，脫離欺騙、貶低、洗腦的有毒關係/黛博拉.維納爾著；吳煒聲譯. -- 臺北市：境好出版事業有限公司, 2022.01
　面；　公分
　譯自：Gaslighting : a step-by-step recovery guide to heal from emotional abuse and build healthy relationships
ISBN 978-626-7087-10-7(平裝)

1.CST: 認知心理學 2.CST: 人格障礙症 3.CST: 情緒管理

176.3　　110022577